Computer:

Ein **Computer** oder **Rechner** ist ein Gerät, das mittels programmierbarer Rechenvorschriften Daten verarbeitet.

(Aus Wikipedia)

01001101 01101001 01110100 00100000
01100100 01100101 01101101 00100000
01000011 01101111 01101101 01110000
01110101 01110100 01100101 01110010
00100000 01110000 01100101 01110010
00100000 00100111 01000100 01010101
00100111 00101110

Dies hier ist die zweite Ausgabe desselben Titels. Der Inhalt bleibt unverändert. Grammatikalische, stilistische und Flüchtigkeitsfehler wurden korrigiert, Doch als freier Autor behält er seine persönliche 'liberale' Schreibweise bei.

Das Buch wurde 'ausgelöst' durch Gespräch des Autors mit seinem Sohn Stephan Bodmer.
Besten Dank Stephan für Deine Motivation...
Auch danke ich meinem langjährigen Arbeitskollegen Werner Knecht für seine wichtigen Ergänzungen.

Die 'Services' von Google und Wikipedia wurden ebenfalls sehr geschätzt.

Kontakte:
hbodmer@bluewin.ch

Autor: Hans Bodmer
Satz, Umschlaggestaltung,

Herstellung und Verlag: BoD – Books on Demand, Norderstedt
ISBN: 9783755734123

Index

Prolog

'Eigentlich' wird das, was jetzt kommen wird, nicht sehr viele interessieren. Es sei denn sie oder er sind richtig angefressene 'Compterfreaks'. Und möchten vielleicht sogar noch etwas mehr über die Entwicklung der, wie man heute so schön neudeutsch sagt: Informationtechnologie, kurz IT, wissen. Es werden sehr viele solche englische Begriffe vorkommen. Schliesslich ist Englisch DIE Sprache der Computerleute.

Er ist mit dem Computer und allem, was irgendwie damit zu tun hat, auf DU. Während 45 Jahre lang haben sie sich zusammengerauft. Mal Freunde, mal Feinde. Himmelhoch jauchzend und zu Tode betrübt folgten sich in irrer Reihenfolge. Eine Art Hass-Liebe. Ein sehr enges 'Verhältnis'.

Er war dabei. Von Anfang an. Erst 2004 hat er 'abgeschaltet' oder besser: Abschalten wollen. Gelang ihm wie so vieles im Leben nur halbwegs.

An Neuem ist er nicht mehr so sehr interessiert. Er ist zum ganz normalen 'User', sprich Benutzer, geworden. Doch auch dies wird immer mehr zu einer 'Belastung'.

So ganz ausser Dienst und weg vom Fenster ist er aber doch (noch) nicht. In einem intensiven Gespräch mit seinem Sohn an seinem doch schon etwas fortgeschrittenem Geburtstag wurde er so etwas wie 'angehalten' seine Siege und Niederlagen mit dem 'Ding', das ihn ein Berufsleben lang strapaziert hatte, doch einmal niederzuschreiben. Es hat seinem Sohn anscheinend sehr Eindruck gemacht, was er da zu hören bekam. Natürlich, der ist ja auch Informatiker. Mit Diplom und Auszeichnungen. Nicht so wie er. Damals gab es noch keine Anzeichen eines Studiums in Informatik. Den Begriff gab es nur vage oder gar nicht.

Also ein Diplom hat er nicht. Das einzige offizielle beglaubigte Vorzeigedokument ist sein Fähigkeitsausweis als Kleinmechaniker. Den er erst nach der zweiten qualvollen Prüfung erhalten hat. Und nur, weil er dem Prüfungsexperten hoch und heilig versprechen

musste, nie in diesem Beruf zu arbeiten. Was er ganz klar nie
getan hätte.
Andere Auszeichnungen wie der 'Analyst of the year Award'
(Analytiker des Jahres Auszeichnung), Bescheinigungen von
besuchten Kursen und Dankesbriefe von zufriedenen Kunden sind
in rauen Mengen vorhanden.

In der 'Steinzeit' der Datenübermittlung und die, man könnte heute
sagen: In der 'Pfahlbauerepoche' des Computers, waren sich die
Universitäten deren Zukunft noch nicht bewusst und diese wurde
lange ignoriert. Darum ist sein Sohn so erpicht auf seine
Erzählungen.
Aber dieses auch schriftlich zu fixieren bringt doch nichts!
Das hat er seinem Sohn dann geantwortet: "Das interessiert heute
doch kein Schwein mehr". Die Milliarden die heute am Laptop,
Smartphone und was immer noch kommen wird, herumfuchtelnden
sind doch nur an das Foto des Geliebten oder der Geliebten, den
Spielchen und an den News interessiert. Und um den anderen zu
zeigen, dass Mann oder Frau 'in' ist.

"Ich bin in Facebook, darum bin ich". (Zitat Rodolfo Bodmer)

Also ein äusserst brotloses Vorhaben, ein möglichst sachliches
Buch über die Entstehung des Ganzen zu schreiben. Zudem wird
es äusserst anstrengend werden, sich im doch schon höheren Alter
über Wochen und Monaten jeden Tag so an die zwei Stunden voll
zu konzentrieren. Geschweige denn von den Dutzenden von
Stunden des Recherchieren im Netz um Vergessenes zu finden,
Namen zu korrigieren, Tatsachen zu verifizieren und so weiter. Und
sich ja nicht ableiten lassen von den garantiert aufkommenden
Assoziationen. Sich zwingen so bald, als möglich wieder auf das
Thema zu kommen: auf das DU mit dem Computer.
Ja keine Fehler einschleichen lassen. Ein möglicher Leser würde
das gar nicht goutieren. Fehler überlässt er lieber dem Computer.
Respektive denen, die Programme generieren. Die Leistungen

eines Computers sind ja nur so gut wie der (und erst später die
'Sie') ihn programmiert hat. Der Computer ist ein Werkzeug. Wie
eine Drehbank. Aber drehen muss der Dreher. Musste es früher.
Doch bald macht der Computer.

Ohne den geht nichts mehr. Aber mit dem auch ach sehr viel
falsch. Sehr viel davon wird im in dem folgenden Essay zu lesen
sein, dass er jetzt recht mühsam gestartet hat. Wird es einmal fertig
werden? Qui vivra vera!

Zitat: "Der Geist ist willig, doch das Fleisch ist schwach". (Aus dem
Paulusbrief des neuen Testaments der Bibel).

Oh Entschuldigung diese Verunglimpfung des 'Homo sapiens'.
Doch die angeschuldigte Maschine hat wie alles auch sehr gute
und nützliche Fähigkeiten. Zum Beispiel kann sie sehr schnell
Rechnen. Arithmetik wird bald als Schulfach verschwinden. Tschau
liebes altes, gutes, gefürchtetes Ein-mal-Eins. Auch müssen die
Schüler heute nicht mehr Rechtschreibung büffeln. Sie haben
darum mehr Zeit um zu 'SMSen' und zu 'Chatten'. Das heisst im
Klartext Unsinn und unnötiges zu plappern...
Doch ohne den Textprozessor mit all seinen 'Features' und Tücken
hätte das Folgende nie geschrieben werden können. Es wird ja
heute nichts mehr von Hand aufs Papier gebracht. Ausser es wird
explizit verlangt: zum Erstellen des Testaments.

1. Vom Feilen des Eisenklotzes zum 'mechanischen' Programmieren.

'Eigentlich' wollte er FEAM erlernen. Ein in den späten Fünfziger-
jahren sehr begehrter Beruf. Heute würde man sagen: Top modern
und 'in'. Also ein Beruf mit grosser Zukunft.
FEAM steht für: Feinmechanik und Elektro-Apparate Monteur.
Wohlverstanden: Mechanik und 'Elektro'. Nicht Elektronik. Von der
war erst sehr vage die Rede. Auch die Wissenschaft war noch ein
grosses Stück davon entfernt.
Geschweige dann von elektronischer Datenübermittlung. Zum
Steuern eines ferngelenkten Spielzeugautos brauchte es damals
beinahe eine Funklizenz und eine Prüfung im Morsen.
Ist Morsen nicht das Erste so etwas wie 'halb-digitales' Über-
mittlungs-System überhaupt? Die Rauchzeichen der Indianer und
der alten Eidgenossen waren analog...
Es wurde nichts aus dem FEAM. Er hatte, wie bis jetzt schon so oft
in seinem noch kurzen Leben, wieder einmal kein Glück. Die
Lehrstellen waren sehr rar. Und die stärker als er waren, hatten die
ergattert. Ein wenig 'Helligkeit' kam doch noch. Eine Firma, die
FEAM ausbildetet, bot ihm eine Lehrstelle als Kleinmechaniker an.
Mit der Option die theoretische Ausbildung der FEAMs absolvieren
zu können. Oder besser: Zu dürfen.
Was nichts anderes als ein leeres Versprechen war, um die
unpopuläre Lehrstelle doch noch zu besetzten. Also würgte er sich
durch diese ihm äusserst unbeliebte Tortur. Wochenlanges Feilen
an einem Eisenklotz. Die Masse auf den Hundertsteln von einem
Millimeter genau. Die Fläche topfeben wie geschliffen. Und der
Eisenklotz war äusserst hart. Als er es dann schweiss- und nerven
treibend geschafft hat, 'haute' der Lehrmeister mit einem spitzen
Hammer eine riesige Kerbe rein. Und die Sisyphusarbeit begann
von Neuem.

Das einzig Positive in der vierjährigen Lehrzeit war dies:

Ein Arbeitskollege, zwei Lehrjahre älter als er, macht einmal die Bemerkung, dass er nie im Beruf bleiben wird. Er gehe zu einer der jetzt immer stärker aufkommenden Firmen, die elektronische Rechenmaschinen bauen. Computer war zu dieser Zeit noch ein sehr vager Begriff.
Ein Begriff waren aber Namen wie Burrougs, Honeywell und noch andere. Selbstverständlich auch die grösste und die 'führende' von allen: IBM.
Die Aussage seines Kollegen blieb tief in ihm sitzen. Es war ein Fingerzeig einer höheren Macht. An die er 'eigentlich' nicht glaubt. Ist es 'nur' eine Illusion?

Zitat: "Ohne Illusionen wird das Leben zum Existieren". (Mark Twain)

Doch es war definitiv ein Tipp, der sein Leben massgebend beeinflussten sollte.
Die Wirklichkeit sah dann viel düsterer aus. Zum Beispiel die Rekrutenschule. Als Übermittlungsgerätemechaniker bei den Fliegertruppen. Die betreuten die antiken Siemens Fernschreiber Baujahr 1939 mit einer Datenrate von sage und schreibe 50 Baud (Bits pro Sekunde. 'Baud' ist ein Begriff abgeleitet von Jean-Maurice-Émile Baudot). Die Datenausgabe wurde auf einen 8 Millimeter breiten und 10 Meter langen Papierstreifen gedruckt. Oder in schmalen Lochstreifen gelocht. Um wieder eingelesen zu werden. Oder um verbrannt zu werden, damit ja keine militärischen Geheimnisse in falsche Hände gelangen könnten.
Das Betriebspersonal, im Militärjargon der BP2 (Betriebspersonal 2), schnitten die bedruckten Papierstreifen zusammen und klebten sie auf ein normales Blatt Papier. Das wurde dann als Telegramm an den Adressaten, den diensthabenden Offizier, streng vertraulich übergeben. Die UEMGTMs (Übermittlungsgerätemechaniker) schrieben dann spasseshalber in der Freizeit Liebesbriefe an die jeweilige Freundin auf die eben besagten Papierstreifen und schickten denen die Papierröllchen.

Dann musste er sich mit laut klapperigen mechanischen Chiffri-
ergeräten in schusssicheren schweren Eisenkisten herumschlagen.
Und als Telefonsoldat kilometerweise Drähte an Dachhaken
aufhängen. Dann in der 150 kg schweren halbwegs mobilen
Telefonzentrale mit über hundert Stöpseln die Verbindungen
durchschalten. Zum Spass wird dann ab und zu der Kompanie-
Kommandant mit dem Irrenhaus verbunden.
Und musste sich selbstverständlich auch durch die üblichen
soldatischen Disziplinen wie Wachordonnanz, Gewehrgriff und
Stechschritt würgen. Dazu auch noch Gewaltmärsche in
Nagelschuhen, im Jargon 'Zahnradsandalen', auf harten Strassen
und steinigen Wegen. Er fasste noch den hölzernen Karabiner 48.
Ein sehr genaues Schiesseisen. Wenn man es richtig bedienen
konnte. Er konnte es nur sehr schlecht. Dafür spürte er den
gewaltigen Rückstoss nach jedem Schuss. Das ergab eine
geschwollene Schulter und ein wundes Schlüsselbein. Eine Qual
diese RS. Ein gelebter Albtraum. Von deren Zeit er bis ins jetzige
höhere Alter hinein 'alpträumt'...

Doch, wie alles, die RS ging vorüber. Zurück in die Wirklichkeit.
Wegen der lausigen Lehrabschlussprüfung war an eine Stelle in
der Schweiz nicht zu denken. Und er wollte ja 'eigentlich' sehr
gerne ins Ausland. Doch wohin? Als eine der wenigen Möglichkeit-
en bot sich Schweden an. Einigermassen auf demselben Lohn-
niveau wie die Schweiz. Also erkundigte er sich an bei der
schwedischen Botschaft in Bern über die Möglichkeit in Schweden
zu arbeiten. Und erhielt auch prompt eine Arbeitsbewilligung als
sogenannter 'Staginär' und auch eine Stelle bei der Firma L. M.
Ericcson in Stockholm. Die bauten ja alles Mögliche an El-
ektrogeräte, Telefone, etc. Und natürlich das lukrativste: Waffen-
systeme.
Die erste Zeit in Schweden war sehr hart. Nicht so sehr die Arbeit.
Diese war noch mehr oder weniger machbar. Aber das Klima!
Besonders der Winter mit meteorololgisch bewiesenen 1.5 Stunden
Sonnenschein im ganzen Januar in der Stadt. Auch die Ernährung

war alles anderes als ein Vergnügen. Tiefe Depression war
angesagt und traf auch voll ein.
Seine Arbeit bestand im Wesentlichen im Reinigen von Chassis für
geheime Peilgeräte in Flugzeugen. Diese waren aus Magnesium,
damit sie bei einem Absturz sofort verbrennen, um keine Geheimnisse preiszugeben.
Es war Arbeit im Akkord. Eher gemütlich, denn die ausgezeichnet
organisierten schwedischen Gewerkschaften waren sehr gut im
Verhandeln von Arbeitsbedingungen. Dafür musste er beim selbst
kärglichsten Lohn denen beitreten.

Doch dann gab es ein Lichtblick. Noch lange nicht der so sehr
erwartete Frühling, aber in der Form eines neuen Jobs. Die Firma
Burrough AB in der Innenstadt von Stockholm suchte Servicetechniker für ihre mechanischen Rechenmaschinen. Techniker ist bei
Weitem übertrieben. Es war reine feine handwerkliche Justier- und
Montagearbeit. An recht komplizierten mechanischen Tischrechner.
Die sind sehr langsam und sehr teuer. Mit dutzenden von winzigen
Draht-Federn, Zahnrädchen, kleinsten gebogen Bügeln, fein
gedrehte Stiften und so weiter. Das Ding hiess: Then-Keys. Weil es
zehn Tasten hatte, um die Operanden einzugeben. Die dann laut
ratternd zusammengezählt wurde. Es waren nur Additionen
möglich. Doch diese recht primitive Rechenmaschine verkaufte
sich gut. Mangels etwas besseren auf dem Markt.
Wenigstens war das Arbeiten an denen nie langweilig und oft eine
echte Herausforderung. Solche liebt er doch. Manchmal war er
aber überfordert. Sein Lieblingsspruch war dann: Kann man dies
nicht einfacher machen! (Auf Schwedisch: Ska man det inte jöra
enklare).

Der Herbst nahte. Einen zweiten Tortur-Winter in Schweden wollte
er nicht wieder durchmachen.
Er hat es bis zum Hals hinaus: Belegte Brötchen (Smörgos),
Blutwurst mit Rosinen, rote gezuckerte Würstchen (grillard Korv),
nicht gerade sehr erbaulich riechender Weihnachts-Fisch,

schwaches Bier (Fatöl) und dem sehr starken Kartoffelschnaps.
Den man zudem besonders bevor den Feiertagen nur nach langem
Warten und nur im staatlichen Geschäft (Statlic Bolaget) kaufen
konnte.
Also zurück in die Heimat. Ohne Geld. Denn da war eine weitere
Illusion den Bach hinuntergelaufen. Irgendjemand hat ihm gesagt,
dass er die Beiträge, die er für die Altersvorsorge in Schweden
bezahlte, bei der Ausreise zurückerstattet bekomme. Dem war aber
nicht so. Erst später in der Heimat wurde ihm dann gerade einmal
ganze 127 Kronen und 50 Öre überwiesen

Also zurück nach Zürich per Autostopp und Brot und Wasser.

Zuhause war gar nicht so willkommen. Dann suche nach Arbeit. Mit
den, gelinde gesagt, nicht unbedingt besten Zeugnissen.
Doch für einmal hatte er ein kleines Quäntchen Glück. Wenigstens
anscheinend. Die Firma Burrough, wieder die, suchte Programmi-
eren für ihre Buchhaltungsautomaten. So stand es im Inserat.
Er bekam den Job dann auch. Wäre sehr interessant gewesen
Programme zu machen für diese mechanischen Ungeheuer. Zehn
Kilo schwer. Wie eine riesige Schreibmaschine mit über hundert
Tasten.
Programme machen, wohlverstanden. Nicht etwa schreiben. Die
Befehle für die Steuerung der Abläufe geschah mittels kleinen
Eisenplättchen, die auf einem 50 Zentimeter langen Rahmen, der
sich unterhalb des hin und her sich bewegenden Wagen oben an
der Maschine befand und aneinander gereiht wurden. Unten an
den Plättchen gab es so zehn 5x5 Millimeter grosse quadratische
Scheibchen. Je nach Befehl des auszuführenden Programmes
wurden die dann mit einer Zange weggeknipst oder stehen
gelassen.
Der Wagen bewegte sich beim Betrieb relativ schnell. Unter dem
tasteten Stifte die vorhanden oder nicht vorhandenden Plättchen ab
und so werden die gewünschten buchhalterischen Rechenoperationen gesteuert. Diese Art der Programmierung war äusserst

anspruchsvoll, herausfordernd und spannend.

Also genau das, was er sich als Arbeit gewünscht hatte
.

Nur leider sah die Realität dann viel unangenehmer und düsterer
aus. Keine 5 Prozent der Arbeitszeit durfte er als Programmierer
'geniessen. Die übrigen 95 musste er als Vertreter (oder
zutreffender: 'Klinkenputzer') von mechanischen Rechenmaschinen, eben den 'Then-Keys', die er von Schweden her kannte, über
die Runden bringen.
Im heissen Sommer, im unbequemen schweisstreibenden
Polyesteranzug, weissem langärmeligem Hemd und roter Krawatte
muss er die Bahnhofstrasse 'abklopfen'. Um immer wieder von den
Sekretärinnen hinausgeworfen zu werden. Bis ihm eine solche
eines Tages sagte: "Sie, junger Mann, gehen Sie besser arbeiten!".
Das genügt ihm. Verkauft hat er nichts. Sein Vorgesetzter bekam
so etwas wie Mitleid mit ihm (das gibt es auch...). Der hielt ihm ein
Kunde in einem fernen Kaff zu, der ein Occasion-Apparat gebrauchen könnte. Er hat ein solchen auch verkaufen können. Das
einzige, was er je in seinem Leben verscherbelt hat. Der kostete
100.-Franken.
Er schämt sich noch heute diesen 'Deal' getätigt zu haben. Und
leidet noch immer an einem schlechten Gewissen und wird in den
Träumen heute noch davon geplagt

2. Vom Kartenlocher zum mysteriösen Karten-Mixer.

Also war dieser versprochene Programmierer-Job und dann in
veraltete Apparate-Verkäufer resultierende Hausierer-Arbeit absolut
nichts für ihn.
Es muss schleunigst eine andere Tätigkeit gesucht werden. Etwas,
das endlich einmal befriedigt und motiviert. Und die sollte auch noch
einigermassen richtig bezahlt sein.
War gar nicht so einfach. Zwar war die 'allgemeine Konjunkturlage'
damals gar nicht so schlecht. Und es gab auch noch Zeitungen, die
mit Stellen-Inseraten dosiert waren. Ein solches hat dann seine
höchste Aufmerksamkeit geweckt. Eine ihm damals noch unbe-
kannte französische Firma mit dem Hauptsitz in Paris, die
'Compagnie des Machines Bull', sucht Servicetechniker für ihre
Produkte. Das waren hauptsächlich Maschinen zur Verarbeitung von
Lochkarten. In direkter Konkurrenz mit der berühmt-berüchtigten
IBM. Und in vielen der überlegen. Wie es bei Produkten aus
Frankreich es so oft der Fall war: Caravelle, Concorde, Citroen, TGV
und anderen.
Er meldete sich und wurde prompt nach der Einsendung der wie
üblich verlangten Volks- und Gewerbeschulnoten, dem nur mit viel
Glück errungen Fähigkeitsausweis als Kleinmechaniker, den
Zeugnissen seiner bis anhin sehr dürftigen und äusserst erfolglosen
beruflichen Laufbahn zu einer Tauglichkeitsprüfung aufgeboten.
In der Nähe des Zürcher Hauptbahnhofes. In einem trockenen
Bürogebäude im sechsten Stock. In einem eng bestuhlten Saal.
Vorne an einem Tisch die streng in die Welt blickenden zukünftigen
Chefs und solche, die wahrscheinlich Experten für die psycholo-
gische Eignung der Kandidaten waren und als Berater des
Auftragsgebers für die Prüfung der für diese Stellen benötigen
Fähigkeiten der Bewerber angestellt und verantwortlich gemacht
wurden.
Dahinter an kleinen Tischen reihten sich jetzt die Bewerber für den

attraktiven Job ein. Alle, wie es sich gehört, im Anzug und Krawatte.
Dies im Hochsommer. Geputzt, gewaschen und gekämmt wie
Chorknaben.
Im strengen Befehlston wurde jetzt angekündigt, dass zur Lösung
der vorliegenden Aufgaben genau eine Stunde und keine Minute
länger Zeit gegeben wird. Diese Stunde wurde nach Ansage mit
einem schrillen Gongschlag eingeläutet.
Er legte los. Es war das erste Mal, dass er einem solch strengen und
so wichtigen psychologischen Eignungs-Test unterzogen wurde.
Es war mäuschenstill im Saal. Nur gestört von den Experten, die
prüfenden Blickes durch die Reihen schlichen. Klar: Es musste
kontrolliert werden, ob nicht abgeschrieben oder sonst wie betrogen
wird.
Die Aufgaben waren erstaunlicherweise 'relativ' einfach. Logische
Zusammenhänge von Zahlenreihen und Symbolen, auf Englisch
'pattern recognition', wurden heftig und überbetont verlangt. Dann
einfache Rechenaufgaben, Fragen zur Elektrotechnik. So, über
Ohm, Volt, Ampere, Watt, Hertz, usw. Dann noch das Zeichnen von
einfachen elektrischen Schemen und das Skizzieren von Schaltung-
en und dergleichen. Dann noch das Erkennen von Zahlen in einem
Farbmuster. Von wegen des Erkennens und Unterscheiden der
verschiedenen farbigen Drähten in den Apparaten. Und dann noch
alltägliches, allgemeines geschichtliches, gesellschaftliches und
politisches 'Zeug'. Also Allgemeinwissen.
Stille wie auf einem Friedhof im Raum. Konzentriertes Denken war ja
angesagt.
Nach so etwa 40 Minuten hatte er es hinter sich. Er schaute in die
Richtung der Experten und gab Zeichen, dass er fertig ist.
Erstaunte Reaktion von denen. Er wurde mit einer Handbewegung
von dem der wahrscheinlich der oberste Chef in diesem Gremium ist
nach vorne zitiert und ganz leise durch die Hand angesprochen:
"Haben sie auch alles nochmals überprüft?"
Hat er. "Sind sie auch sicher?". Er ist es.
Dann wurde ihm zugeflüstert, höflich und schon fast etwas
anerkennend, dass er bald von der Firma 'Compagnie des Machines

Bull' benachrichtigt werde.

Die Benachrichtigung kam sehr bald. Endlich wieder einmal etwas doch sehr Positives: Eine Einladung zu einem persönlichen Vorstellungsgespräch. Das dann bald stattfand. Lief sehr gut für ihn. Also: Er bekommt eine Stelle als Servicetechniker angeboten. Bedingung: Bereit zu sein ein halbes Jahr nach PARIS in die Schulung zu gehen.

Ganz super. Er liebte ja das Reisen und fremde Länder. Der Lohn war ihm eigentlich Nebensache. Doch der stimmt auch noch: Fr. 1400.- im Monat. So viel hatte er noch gar nie verdient. Natürlich gebe es eine Probezeit. Und wenn die Noten während der Ausbildung ungenügend sind, gibt es die sofortige Entlassung.

Er bekam die Koordinaten des Ausbildungszentrums im Osten von Paris. In der Avenue Gambetta, um genau zu sein. Dazu eine Liste von sich in der Nähe befindlichen günstigen Hotels. Auf Wunsch kann die Bull die Buchung arrangieren. Das Bahnbillett Zürich-Paris, natürlich zweiter Klasse, ist auch bereit. Die ganze Trainingsphase in Paris wird, wie gesagt, 6 Monate dauern. Jeden Monat gibt es einen zweitägigen 'Urlaub' für einen Besuch nach Hause. An den Samstagen finden Prüfungen statt. Deren Resultate werden sofort nach Zürich geschickt. Von wegen Entlassung.

Er konnte es kaum erwarten loszufahren. Der Zug nach Paris, mit umsteigen in Genf, brauchte fast acht Stunden. Es war schon viel früher, als dann später der legendäre TGV nach Paris zischte.

Es ist ein grauer Januarabend. Ankunft in einem ebenso grauen, trostlosen Bahnhof: Dem 'Gare de l' Est'. Das Hotel war in der Nähe des 'Butte Chaumont' gelegen. Die Rolltreppe von der Metro hoch auf die Strasse ist dort sehr lang und steil.

Das Hotel eher schäbig. Kein Speisesaal war zu entdecken. Nur ein kleines zurzeit menschenleeres Bistro gleich neben dem Eingang. Die Dame im 'Entree' ist recht mürrisch. Sie muss ja auch sonntags arbeiten. Das Einchecken verläuft problemlos: Sie hatte ja alle seine Daten. Rauchen im Zimmer verboten. Damenbesuche sind nicht erlaubt. Die Hausordnung und der Weg zum Notausgang seien im

Zimmer angeschlagen. Natürlich auf Französisch. Dass er nur sehr
rudimentär beherrscht: Drei lausige Jahre Sekundarschule.
Das Zimmer ist der dritten Etage. Kein Lift, dafür mit einer knorrigen
abgelaufenen Holztreppe. Das 'Chambre' klein und das Bett auch.
Die Beleuchtung halb düster. Durch das unsaubere Fenster ist ein
kleiner baumloser Kies-Platz zu sehen. Daneben eine Art
verkommenes Gärtchen. Umgeben von fensterlosen grauen hohen
Mauern der nebenstehenden scheusslichen und schon leicht
heruntergewirtschafteten Bauten.
Doch was soll's. Er ist ja nur dort zum Schlafen hier. Um die
wahrscheinlich sicher anfallenden Hausaufgaben zu machen, genügt
auch der kleine runde Tisch mit der verstaubten Tischlampe mit
einer 40 Watt Glühbirne.
Koffer auspacken, die nötigen Papiere, Fachbücher und Schreibu-
tensilien bereit machen für morgen.
Dem D-Day...
Doch trotz schon vorgeschrittener Zeit und schon bald dunkel will er
jetzt noch hinaus. Um den zukünftigen Ort der Ausbildung zu
suchen. Damit er am nächsten Morgen nicht in die Irre geht und
schon am ersten Tag zu spät erscheint.
Die Avenue Gambetta ist zum Glück in der Nähe und zu Fuss
erreichbar. Wird ihm den mühseligen Metrostress am Morgen jeweils
ersparen. Das Gebäude des Training-Zentrums ist noch recht
imposant. Hoch und mit kleinen Fenstern mit geschlossenen
Jalousien. Umgeben von einem hohen Eisenzaun. Mit einer kleinen
Eingangstüre, ebenfalls sehr einschüchtern schmiedeeisern, wirkt
das Ganze so etwas wie ein Gefängnis. So richtig angeschrieben ist
auch nichts. Wohl aus Angst vor Ausschreitungen, Randalierer,
Sabotage oder dergleichen?
Das kann ja gut werden!
Zurück zum Hotel. Er genehmigte sich noch ein Glas Bier. Ein 'Demi'
wie es dort heisst. In der immer noch menschenleeren Bar. Nach
langem Warten versteht sich. Und die Wirtin, dieselbe 'Hexe' wie am
Empfang, will sofort Cash.
Der Schlaf ist sehr auf der unruhigen Seite. Das Aufwachen auch.

Rasch das Gesicht flüchtig mit kaltem Wasser benetzt. Dann sich anziehen. Die Krawatte richtig korrekt binden. Die schwarzen Schuhe noch etwas mit dem Tischtuch polieren und hinunter zum Frühstück in der jetzt hell beleuchteten Stübchen neben dem Bistro. 'Croissants' ohne Butter und schaler lauwarmer Milchkaffee in einer grossen Tasse. Ist eigentlich auch nicht anders zu erwarten.

Er ist fast eine halbe Stunde vor acht am Ort. Ein streng aus der Uniform schauender Portier prüft seine mitgebrachten Papiere und den Reisepass. Er müsse in der Eingangshalle warten, bis der zuständige Instrukteur kommt.
Es kommen drei junge Herren so in seinem Alter hinein. Auch sehr chic angezogen. Sie gehen auch zur Aufsichtsperson. Untereinander sprechen sie schweizerdeutsch. Also sind sie sicher seine zukünftigen Klassenkollegen. Dann noch zwei blonde, stämmige Kerle. Die plaudern auf Schwedisch.
Er nickt wortlos allen zu.
Jetzt erscheinen noch viele mehr. Die sind aber nicht neu, denn sie gehen sofort die Treppe hoch in ihre Schulzimmer. Um Punkt 0800h ,wird das Eingangstor vom Portier zugemacht und mit dem grossen Schlüssel abgeschlossen. Zu spät Kommende haben keine Chance auf ein weiterkommen und werden sowieso sofort gefeuert.
Die sechs Neuen warten immer noch. Jetzt kommt der Lehrer. Er begrüsst sie im gebrochenen deutsch. Die Schweden können das anscheinend auch. Sie folgen ihm die Treppe hoch in das Schulzimmer. Klein, aber nicht unfein, genügend gross für die kleine Gruppe. Sie setzen sich. Er, wie meistens, ganz hinten und allein in der Reihe. Der Lehrer stellt sich vor. Dann erscheint strammen Schrittes eine imposante Erscheinung. Wohl der Rektor des Ganzen. Hände auf dem Rücken begrüsst er die Neuen auf Französisch. Und spricht auf sie ein. Sehr zügig und sehr betont. Der zukünftige 'Lehrer' übersetzt es auf Deutsch. Nicht so zügig.
Es sind die gültigen Regeln, die durchgegeben wurden: Pünktlichkeit, sicheres Erscheinen, Disziplin, Korrektheit, Höflichkeit, Freundlichkeit und so weiter. Erinnert ihn an die Rede seines

damaligen Kommandanten am ersten Tag der Rekrutenschule.
Wie gesagt: Die Übersetzung durch den Klassenlehrer ist ziemlich
dürftig. Sogar mit seinem mageren Französisch hätte er das besser
gekonnt.
Und dann noch dies: DAS Bull Servicetechniker trägt immer einen
dunklen Anzug mit Krawatte und weissem Hemd. Bärte, Schnäuze
und ungekämmtes Haar werden nicht geduldet. Und: Wenn DAS
Bulltechniker ein Auto kauft, kauft er ein schwarzes Auto. Er sagt
immer DAS Bulltechniker. Der hat irgendwie ein Problem mit den
Artikeln in der deutschen Sprache.
Doch die Botschaft ist klar: Prestige obliege!
Der Rektor geht. Die Türe resolut hinter sich schliessend. Der Lehrer
erklärt nun den Stundenplan. Zuerst gibt es zwei Stunden Theorie.
Dann eine kurze Kaffeepause gefolgt von zwei Stunden praktische
Arbeit an den Geräten. Dann Mittagspause in der Kantine. Oh
Pardon: Personalrestaurant! Am Nachmittag dann wieder das
gleiche Programm, nur ohne eine anschliessende Mahlzeit.

Und dann geht es zur Sache. Als Erstes werden sie den
Kartenlocher kennenlernen und zu meistern haben. Diese Geräte
sind mittelgrosse grau bemalte und mit Eisenblech verschalte
Maschine. Die stehen auch schon im Saal bereit, um auseinander
genommen zu werden.
Die Kartenlocher funktionieren so: Oben wird ein Stapel druckfrische
und noch lochfreie Lochkarten eingefühlt. Die werden dann über die
Tastatur mit dem benötigen Code in Form von etwa so ein auf fünf
Millimeter rechteckigen Löcher versehen.
Es gäbe auch ein System mit runden Löchern, erklärt der Instrukteur.
Bei der Konkurrenz, der ehemaligen Firma Remington Rand. Die
dann später Sperry Rand und noch später Unisys wurde.
Diese von der IBM entwickelten und sich durchsetzenden
Lochkarten mit rechteckigen Löchern sind praktikabler. Es ist
mechanisch einfacher diese zu lesen. Das Lesen geschieht mit sehr
kleinen metallenen Drähtchen, deren Herstellung höchste Präzision
verlangt. Denn ein Fehler beim Eingeben der Daten hätte für jeden

der anderen Karten verarbeitenden Geräte und deren Programme
eine katastrophale Folge.
Die besagten Löcher werden nach der Eingabe der Zahlen über eine
grobe Tastatur mit Stempeln von höchster Präzision eingestanzt.
Diese Stempel sind sehr teuer und müssen periodisch ausgewech-
selt werden. Damit die Löcher nicht ausfransen! Die 'Kraft' die es für
das Stanzen bracht, kommt von sehr starken elektromagnetischen
Spulen. Die recht viel Energie brauchen. Darum ist auch der
Netzwerkteil recht kritisch und voluminös.
Ein anderer kritischer Punkt ist die Positionierung der Karte vor den
Stempeln. Die geschieht auch natürlich wieder mechanisch. Das
Problem besteht darin, dass nur eine Karte aufs Mal eingeführt
werden darf. Das bedingt wieder sehr genaue Schieber.
Das Gerät ist recht laut. Das hat er bald einmal zu hören bekommen.
Denn nach den ersten Wochen mit dem Studium der Schaltungen,
dem Erlernen des Messens der benötigten elektrischen Werte, den
praktischen Übungen des Justierens werden die 'Lehrlinge' gleich in
die reale Welt der Lochkarten-Verarbeitung eingesetzt. Sozusagen
ins kalte Bad geworfen.
Ort des Einsatzes für ihn: Eine sehr renommierte und 'berühmte'
Bank in der Cité.
Er wird dort von einem erfahrenen einheimischen Techniker
vorgestellt und eingeführt.
In einem grossen, recht stattlichen Saal mit hoher Decke sind so an
die dreissig Locher in Reih und Glied aufgestellt. Hinter denen sitzen
junge Frauen und ältere Mädchen in schwarzen Schürzen mit dem
vornehmen Logo der Bank oben auf Brusthöhe. Vorläufig noch
untätig. Die Arme diskret und sich selber beschützend verschränkt
und diskret leise plaudernd.
Ganz vorne steht eine 'biblische' Naturkatastrophe: Eine lange
Dürre. Das muss wohl die Aufseherin sein. Sie sieht aus wie er sich
eine Wärterin in einer Strafanstalt vorstellt. Das Haar eng und streng
oben geknotet mit dicker Hornbrille und in schwarzen Hosen mit
perfekten Falten. Und dies 1962! Dazu passend auch die autoritäre
grimmige Mine, die sie aufsetzt.

Um Punkt 0800h geht es los. Die Vorgesetzte streckt ihr rechte Hand in die Höhe und ruft im preussischen Befehlston aber doch noch auf Französisch: "Allez!!!".
Jetzt geht Geklapper los. Der Lärmpegel im Saal erreicht schon einige Dezibel mehr als normalerweise erlaubt an einem Arbeitsplatz. Die Chefin schleicht sehr oft zwischen den Reihen hin und her, macht hier und dort leise eine Bemerkung zu einer Frau, oder hält warnend den Zeigefinger hoch, wenn ihr etwas nicht so ganz passt. Wohl um sie zu mehr Eile und besserer Genauigkeit aufzufordern. Nach einer Stunde dann der Befehl: STOP. Es wird mäuschenstill im Raum. Die Instrukteurin steht jetzt vor den Arbeitsbienen und macht ihnen eine groteske Bewegungsübung vor. Dies um die Finger und Handgelenke zu lockern. Alle stehen auf und probieren mehr oder weniger genau es ihr nachzumachen. Nach fünf Minuten ist der Spuck vorbei und der Lärm setzt sich, jetzt noch lauter als noch vorher, wieder ein.
Sein routinierter Begleiter und er sind in einem kleinen Raum neben dem Saal. Die Türe dorthin bleibt offen. Sie sind die bei Pannen der eingesetzten Geräte sofort einsetzbaren guten Geister. Es darf ja in diesem hektischen Betrieb keine Minuten verloren gehen! Zeit ist doch Geld. Das die Bank ja machen muss. Während sie auf ihren sicher einmal nötigen Einsatz warten, liest er wieder und wieder die Vorschriften zur Pflege, der Wartung und der Reparatur der klapperigen Maschinen.
Und es gibt Defekte! Mehr als ihm lieb ist. Besonders bei der kleinen Dame ganz hinten kommt es sehr oft vor. Die Kleine ist eigentlich recht hübsch, etwas mollig, ungewöhnlich lebhaftes krauses Haar und mit schelmisch blinkenden blauen Augen. Sie gibt lebhaft mittels nach unten zeigendes Daumens den Technikern ein Zeichen: Maschinenpanne.
Ihr Locher steht tatsächlich still, macht keinen Wank und auch kein Geräusch mehr.
Sein Tutor schickt ihn hin. Sein erster wirklich nützlicher Einsatz in seiner 'Servicetechniker-Karriere'!
Das Problem ist relativ einfach: Sicherung durchgebrannt. Doch jetzt

musst versucht werden den Grund dafür herauszufinden. Das wird
jetzt nach Vorschrift genauestens geprüft. Die Prüfliste verlangt das
Kontrollieren von mehr als zwanzig detailliert zu untersuchenden
Elementen. Trotzdem exakten Einhalten der Anleitungen findet er
keinen Anlass zum weiteren Eingreifen. Das ganze dauert schon so
fast eine halbe Stunde. Währen dieser Zeit sitzt die Kleine brav mit
verschränkten Händen auf einer der Stühle ganz hinten. Die sind
wahrscheinlich für solche Fälle vorgesehen. Sie ist anscheinend
nicht sehr unglücklich über die von ihrer unabsichtlich eingeleiteten,
erholender kleinen Pause. Bei einem nicht ganz zufälligen Blick auf
sie glaubt er ein verschmitztes Lächeln auf ihren Lippen zu
erkennen.
Doch sein Lächeln verschwindet bald, denn die leidige Sache
wiederholt sich nach etwas mehr als einer Stunde wieder. Sein
Vorgesetzter schaut ihn jetzt ungeduldig und vorwurfsvoll an. Ein
Tadel wird wohl bald einmal folgen, denn jetzt wird es seinem
Begleiter zu bunt. Er, der 'Lehrling', wird in aller Öffentlichkeit streng
und auf Deutsch und deutlich zusammengestaucht. Wütend geht der
'Chef' jetzt selber ans Werk.
Doch zu seiner Erleichterung und voller Genugtuung findet der auch
keinen erkennbaren Grund, warum immer wieder dieselbe Sicherung
Feierabend macht.
Nach einer kurzen Mittagspause wird das 'Ritual' des mühseligen
Stanzens von Löchern fortgesetzt.
Er setzt sich jetzt nicht mehr in den Nebenraum, sondern hinten an
die Wand. Scheinbar in einem dicken Heft blätternd beobachtet er
aber die besagte Kleine, ohne dass es jemand bemerkt hat, mit
Sperberaugen. Denn nur bei ihr passiert diese unerklärbare Panne.
Und, wie gehabt: Die ganze der am Morgen so recht unangenehme
qualvolle Szene trifft voll bald wieder ein.
Jetzt ist aber eine sachliche Erklärung des Geschehenen dringend
notwendig. Er hat sie dann auch. Scheint es geahnt zu haben. Denn
die Kleine hat sich kurz vorher beim Aufheben des wahrscheinlich
absichtlich heruntergefallen Datenvorgabe-Blattes blitzschnell nach
unten gebückt und noch schneller lautlos das Türchen hinter dem

sich die Relais befinden geöffnet. Und hat sich dann wieder bockstill auf ihrem Stuhl gepresst.
Und prompt steht der 'Karren' still.
Unschuldig wie ein Engelchen blickt sie so quasi hilfesuchend nach ihm. Er eilt sicheren Schrittes auf sie zu. Will ihr, höflich und wie vorgeschrieben, die Hand geben und sich vorstellen.
Wollte. Denn sie zieht ihre ruckartig heftig nach hinten. Hinter ihren zierlichen Rücken.
Was sieht er aber trotzdem noch ganz vage in ihrer Hand? Eine winzig kleine Haarspange aus dünnem Metalldraht. Klein genug, um die zwischen die Kontakte eines der damals noch recht grossen Relais zu klemmen.
Sie merkt, dass er dies gesehen hat und kommt ganz böse ins Schleudern und Zittern und wird blass wie Kreide. Und dann runzelig rot wie ein verwelkender kleiner Rosenstrauss.
Was soll er jetzt tun? Jemand zu verpatzen oder anzuklagen oder gar anzuzeigen ist nicht seine Art. Und die Erklärung der von ihr vorsätzlich provozierten Pannenpausen ist ja jetzt gefunden.
Er hebt heftig und drohend seinen Zeigefinger der rechten Hand. Die andere schiebt er sich über seinen Mund. Um anzudeuten, dass er nichts sagen wird. Doch seinen sehr, sehr strengen Blick hat sie sich mehr als verdient.

Seither gibt es kein Ersetzten von Sicherungen mehr während der ganzen Woche, die er dort im Einsatz ist. Am letzten Tag geht er sichtlich erleichtert und schon mit etwas Stolz als letzter hinaus.
Im Flur spürt er von hinten eine sanfte Berührung an der rechten Schulter. Er ist mit den Gedanken schon wieder weit weg. Nämlich bei der auf ihn zukommenden Woche, wo weitere für ihn neue Geräte durchgepaukt werden müssen. Darum kommt sein Umdrehen nach der Ursache des 'Schupfers' mit Verzögerung.
Nichts ist zu sehen.
Doch! Denn jetzt wird ihm von links ein hübsch verpacktes kleines Paket entgegengestreckt. Muss wohl von der Damenhand sein. Von dem weiblichen Wesen im modischen Wintermantel, das blitzartig

verschwindet. Total verdutzt wird das 'Geschenk' von ihm sofort mit zitternden Fingern geöffnet.
Ein kleines Kuvert enthält eine Karte mit einer roten Rose. Mit Goldschrift steht darauf: MERCIE!
Die im Paket enthaltene grosse Tafel Kirschschokolade Marke 'Villars Schweiz' ist für ihn wahrhaftig nicht das Wichtigste...

Die Woche in der Cité ist überstanden. Die letzte Episode war der einzige Positiv. Wird für immer in seiner Erinnerung bleiben.

Zurück ins Ausbildungsprogramm. Als nchstes ist ein dem Kartenlocher äusserlich sehr ähnliches Gerät auf dem Ausbildungs-plan: eine Maschine zum Verifizieren der gelochten Karten.
Kontrolle muss sein! Denn falsche Eingangsdaten können die Resultate der, wie es damals hiess: Lochkartenverarbeitung, ins Verderben stürzen.

Zitat der Computerleute: "Garbage in, garbage out" (unbekannter Autor). Auf Deutsch: Kohl in, Kohl raus...

Diese Faustregel gilt natürlich auch bei Supercomputer, Superminis, Minicomputer, PCs, Laptop und Smartphone und was immer noch folgen wird.
Die gelochten Karten werden in diesem Gerät jetzt eine nach der anderen eingelesen. Die Bedienung, meistens wieder weiblich, jetzt 'beförderte' ehemaligen Locherin, tippt die vorher gelochten Zahlen nach derselben Vorgabeliste nochmals ein. Stimmen die nicht überein, dann hat die, die sie produziert hat ein Riesenproblem.
Könnte in Reduktion des sicher nicht überragenden Gehaltes zur Folge haben.
Hoffentlich trifft es nie das kleine hübsche Schlitzohr.
Also, diese Verifizierter sind technisch schon weniger anspruchsvoll und wesentlich leiser als die Locher. Das wichtigste ist die Positionierung der Karte beim Einlesen. Die musst wieder äussert präzise sein. Damit die kleinen Metallbürsten nicht in die falschen

Löcher geraten.

Bei dem damaligen Locher von Bull wurden die Zahlen oder Buchstaben nicht aufgedruckt. Das geschah mit dem nächsten Apparat der gemeistert werden musst: die 'Traducteuse'. Das ist ein Gerät so gross wie ein Küchenstuhl ohne Lehne. Auch, wie die meisten der 'bullischen' Kartenapparate, sehr solide und mit scheusslich grau gespritztem Blech verschalt. Die Karte wird, wie immer möglichst fehlerfrei, abgetastet. Dann weiter nach innen verschoben und beschriftet.

Das geschieht mittel den achtzig, so drei Millimeter breiten und 5 Zentimeter runden Scheiben die am äusseren Rande die Zahlen und Buchstaben eingraviert haben und sich auf einer Achse über einem schwarzen Farbband mit einer recht hohen Tourenzahl drehen. Wenn dann der gelochte 'Wert' sich über die darunter liegender elektrisch aktivierte Spule befindet, wird diese aktiviert und damit das Zeichen auf der Karte aufgedruckt.

Was einen wiederum nicht sehr angenehmen Lärm verursacht und den Apparat in ruckartige Bewegung versetzt und ihn so fünf Millimeter zum Hochspringen bringt. Diese 'umweltunfreundliche' Eigenschaft stören ihn eigentlich weniger. Schon kritischer ist, dass man sich zum Kontrollieren des ganzen Ablaufes sehr nahe über das jetzt oben geöffnete Gerät bücken muss. Und das mit Krawatte über den schnell rotierenden durch Druckfarbe geschwärzten Rädchen. Der Schlips muss hinter den Hals verankert werden. Denn die Gefahr, dass der sich in den sich schnell drehenden Teilen verklemmt, ist riesig. Und könnte einen glatt erwürgen!

Auch nicht ideal ist das weisse Hemd, das getragen werden muss. Die Ärmel zu dieser Arbeit natürlich ganz nach hinten gekrempelt. Sehr bald ist es nicht mehr weiss. Kunststück bei dem mehr als nur oft abkommenden Spritzer von Druckerschwärze.

Als Nächstes lernen wir jetzt den Sortierer kennen. Das ist ein Maschine, mit Hilfe deren die Lochkarten sortiert werden können: die 'Trieuse'. Zum Beispiel nach aufsteigender Auftragsnummer, Beträgen oder anderen Kriterien. Dieser Apparat ist jetzt schon wesentlich moderner als das, was er bis jetzt 'erlebt' oder besser 'überlebt' hat. Sie ist etwas so zwei Meter lang, dreissig Zentimeter breit und genügend hoch, um bequem bedient zu werden. Sie ist jetzt sogar schon zum Teil aus dem teureren Aluminium als dem bis jetzt üblichen Eisenblech verschalt.

Vorne rechts werden die zu Sortierenden gelochten Karten in die Lesestation eingefüllt. Die werden dann wieder von feinem Messer relativ rassig eingelesen und sausen dann horizontal in Richtung der anderen Breitseite des Gerätes. Unter der horizontalen Laufbahn befinden sich zwölf so 10 Zentimeter breiten Fächer. Je nach der Anzahl der Zahlen des Sortiervorganges wird oben von denen ein 'Schlitz' geöffnet und lässt die Karte in das entsprechende für das vorgesehene Fach fallen. Wenn der eingeführte Kartenstapel durchgelesen werden die Karten den Fächern entnommen, in der richtigen Ordnung aufeinande geschichtet. Und der nächste Durchgang wird gestartet. Das passiert in so vielen, der Anzahl der Ziffern des zu sortierenden Wertes entsprechenden, Durchgängen. Diese Sortierer sind 'eigentlich' technisch nicht sehr herausfordernd. Ausser der Justierung der Messer und der sehr genau sein müssenden Spaltbreite des Schlitzes für das Einlesen eher langweilig.

Dem muss nicht so sein. Da hat es noch Spielraum für Heiterkeit. Ganz einfach: Man entferne die elektrische Sicherung der Speisung der magnetischen Spulen, die die Öffnungen oben an den Fächer betätigen. Alle Karten schnellen also bis ans Ende des Gerätes durch. Dort entferne man die Verkleidung der 'Karosserie'. Das ist sehr einfach. Es muss nur das Blech, das am hinteren Ende an zwei Hacken eingehängt ist, entfern werden.

Und schon ist das Inferno komplett!

Denn, wenn jetzt sortiert wird, fliegen die Karten in der Kadenz von so etwa dreissig Stück pro Sekunde in den Raum. Unsortiert. Der Boden ist in kürzester Zeit übersät mit den so mühsam gelochten und verifizierten Karten.

Bitte meine Damen nicht mit Schuhen in spitzen hohen Absätzen darüber stolzieren!

Dieser Scherz wurde vom Instrukteur gar nicht geschätzt: "Wer
nochmals so etwas produziert, wird sofort abgesägt. Adieu!!!"

Dabei ist das nächste Gerät, das auf die Schüler zukommt, nun
wirklich ein Scherz: Ein 'Ding', das die Lochkarten mischt und ganze
Karten auf einmal stanzt. Ein äusserst klobiges Gebilde. Sehr
schwer und gross. Wieder mit Eisenrahmen fast so solide wie
Eisenbahngeleise. Und wenn möglich noch in hoffnungsloserem
schwarz-grau.
Diese Maschine ist irgendwie auch fast hoffnungslos mystisch. Auf
beiden Seiten gibt es ein Fach zum Einspeisen der gelochten
Karten. Dort werden diese eingelesen. Je nach dem Programm. Zum
Beispiel drei von rechts. Dann eine von links oder umgekehrt und
oder in einer anderen Anzahl. In der Mitte ist ein Behälter wo noch
'jungfräuliche' Karten eingelegt werden. Die werden dann mit den auf
den anderen zu verarbeiteten Daten entsprechend mit Löchern
versehen. Das steuernde 'Programm', auch in eine Lochkarte
gestanzt, wird zuerst eingelesen. Die Befehle, die den dann den
folgenden Ablauf steuern, werden auf den zuständigen richtigen
Spulen der unzähligen Relais gespeichert. Die gemischten und/oder
frisch gelochten Karten landen dann in dem entsprechenden
Ausgangsfächer.
Sie dürfen höchstens fünfzig Prozent der möglichen Anzahl Löcher
aufweisen. Voll 'bestückt' könnte die 960 Löcher Platz bieten. Doch
der Druck, der nötige wäre. um mehr als 480 zu stanzen wäre so
gross, dass das Gerät glatt durch den Fussboden in die darunterlie-
gende Etage plumpsen würde.
Auf seine Frage, wie dann das 'Ding' praktisch angewendet wird,
ringt der Lehrer um eine Antwort. Anscheinend vergebens, denn die
kommt nicht.
Die anderen angehenden Bull Techniker in seiner Klasse scheint
dies nicht zu interessieren. Denn es stört keinen, dass der Zweck
des Apparates irgendwie mindestens geheimnisvoll geblieben ist.
Das bis zum heutigen Tag...
Er hätte aber schon gerne gewusst.

Den anderen ist es anscheinend egal. Sie sind wohl schon in den
Gedanken beim ersten sehnlichst erwarteten bald anfallenden
verlängerten Urlaubs-Weekend.
Und wieder passiert zum Schluss dieser 'Etappe' etwas Ausserge-
wöhnliches!
Als er am Freitag vor dem Heimurlaub als letzter dem Lehrer, wie in
Frankreich so üblich, die Hand schüttelt, winkt der ihn zur Seite. Er
fragt: "Haben sie noch einen Moment Zeit?". Überflüssige Frage. Für
einen Vorgesetzten muss man immer Zeit haben. Er zieht ihn nach
hinten und flüstert: "Aber es ist streng geheim!!! Wissen Sie, den
praktischen Einsatz des Mischers weiss eigentlich niemand mehr.
Der Entwickler hat die Firma verlassen.
Darum wird er jetzt nur noch als Kopierer und Vervielfältiger
eingesetzt".

3. Vom Tabulator zum Röhrenrechner.

Bis jetzt ist ja 'nur' über das kreieren, sortieren und manipulieren von Lochkarten die Rede. Von eigentlichen Verarbeiten, Rechnen und Herstellen von nützlichen Resultaten und vernünftig bedrucktem Papier noch keine Spur. Das nächste Gerät, das er jetzt erlernt, bewerkstelligt nun endlich dies: Der Tabulator oder auch Tabellierungsmaschine genannt.
Auch wieder sehr solide gebaut. Mit dem schon bekannten üblichen massives Eisenträger, der gewohnten Verschalung aus grob gespritzten Eisenblechen und auch wieder einen beträchtlichen Lärm verursachend.
Das Ganze ist etwa zwei Meter lang, ein Meter breit und so etwa 120 Zentimeter hoch. Unten im Schrank befinden sich die zur Steuerung des Gerätes verantwortlichen Relais. So zwölf Zentimeter hohe Dinger mit einer elektrischen Spule. Wenn die aktiviert wird, dann schliessen oder öffnen sich die oben an ihr befindlichen elektrischen bis zu zwölf Kontakte. Deren Berührungspunkte sind aus Wolfram. Einem nicht billigen Hartmetall mit hoher Leitfähigkeit und nicht anfällig auf die unweigerlich entstehen Erosionen.
Deren Wartung verlangt das regelmässige Reinigen der elektrischen Kontaktstellen mit einer Bürste mit Stahldrähten. Muss sehr sorgfältig und mit viel Fingerspitzengefühl gemacht werden. Das Risiko die Kontakte zu verbiegen ist schwer gegeben. Dann auch das Messen und das Kontrollieren der Millisekunde des Schliessens. Diese Zeit ist für das richtige Funktionieren des Tabulators äussert wichtig und muss, wie alles in der Informatik, sehr genau eingehalten werden.
Auf der Oberfläche des Gerätes sind die mechanisch-elektrischen Zähler. Je nach dessen Ausstattung sind es bis zu zwölf Stück. Sie bestehen aus Zahnrädern und wiederum elektrischen Magnetspulen. Die Räder werden über eine Achse angetrieben von einem Elektromotor. Die Tourenzahl dieses Motors muss auch wieder sehr genau abgestimmt sein. Die Regulierung erfolgt so: Aussen an der

Achse des Motors ist eine Scheibe mit regelmässig aufgemalten weissen Streifen. Mit einer exakt schwingender Stimmgabel wird jetzt gearbeitet. Durch die kleinen Schlitze an deren oberen Ende muss der Wartungstechniker ein ununterbrochenes weisses Band sehen. Dann stimmt die Drehzahl. Wenn nicht, wird sie durch eine Anpassung der Speise-Spannung des Motors angepasst.
Oben in der Mitte befindet sich auch das Ausgabeorgan: Ein wiederum mit Typenräder nversehender Drucker mit dem die zu erstellenden Rechnungen, Statistiken, Bilanzen, Kontoauszüge, Bestellscheine und dergleichen dann auf Papier gedruckt werden. Dieses Papier ist in der Form von Endlos-Formularen. Diese sind auf beiden Seiten mit kleinen runden Löchern versehen, um mit den Stiften der beiden Führungswalzen nach oben bewegt zu werden. Wenn eine Rolle von Papier aufgebraucht ist, muss natürlich eine neue her. Die Auswechslung der verbrauchten Rolle ist zum Glück die Pflicht des Bedienungspersonals und nicht des Service-Technikers. Eine Prozedur, die diese oft in Verzweiflung und ins Fluchen bringt.
Das Wartungspersonal hat aber die wesentlich unangenehmere Aufgabe des Installierens eines frischen Farbbandes. Mit dem schon von der 'Traducteuse' her bekannten Risiko des Verschmutzens des weissen Nylonhemdes.

Die Steuerung, oh Pardon, jetzt heisst dies: 'Programmierung' geschieht so: Auf der Seite des Gerätes befindet sich ein einfach abnehmbares Plateau. So zwanzig auf fünfzig Zentimeter und drei Zentimeter dick. Mit einem Handgriff abzumontieren. Das muss man, um das Programm zu erstellen. Es ist mit Buchsen für elektrische Stecker bestückt. Auf der rechten Seite sind horizontal die welchen die von dem vom Motor generierten Impulse weiterleiten. Die Intervalle müssen zeitlich wieder genau abgestimmt sein. Sehr, sehr exakt, denn sonst fällt das ganze Funktionieren der Maschine aus dem Rhythmus und es resultiert in ein totales infernales Chaos an Ergebnissen.
Die Programmierung erfolgt nun so, dass diese 'getimten' Impulse

mittels eines kleinen grauen Kabels in eine auf der linken Seite des
Tableau sich befindliche gesteckt und damit elektrisch verbunden
wird. Die Drähte hinter denen gehen zu den Relais und zu den
Spulen der Recheneinheiten und des Druckers.

Er hat es sofort begriffen. Und es machte ihm Spass selber so ein
Programm zu 'stecken'. Wohlverstanden: Stecken. Und nicht wie bei
den mechanischen Buchungsautomaten: 'Knipsen'. Von 'Schreiben'
von Programmen war zu damaliger Zeit nur sehr vage, rudimentär
und noch nicht oft die Rede.
Die 'Verkabelung' des Programmes hat auch so seine Tücken. Das
musste er später, in der aktiven Arbeit als 'Wartungs-Ingenieur',
selber am eigenen Leibe erfahren.
Er war damals im Einsatz in Lugano. Zwischen Weihnachten und
Neujahr. Es ist die Zeit der geschäftlichen Jahresabschlüsse. Bei
einer sehr renommierten schweizerischen Grossbank. Die hatte
damals noch ganz bescheiden das Wort 'Anstalt' im Firmennamen.
Er wurde dorthin befohlen, um sofort einsatzbereit zu sein. In Falle
von Pannen.
War auch bitter nötig, denn solche sind voraussehbar. Die
Arbeitsumgebung oder besser der Ort des Wartens ist eher recht
freundlich. Vor allem auch angenehm. Denn das Personal ist zum
grössten Teil weiblich und hübsch. Und in Jupe und Bluse wie sich
damals gehörte. Meistens schweizerdeutsch sprechend. Nur die
Putzfrau war Italienerin. Höchst wahrscheinlich Grenzgängerin. Die
trat aber nur nach Mitternacht in Erscheinung. Er ist ihr nie begegnet.
Darum kann er auch nicht sagen, ob sie hübsch und wie sie
gekleidet ist.
Doch sie hat sehr gründlich gewirkt. Das musste er bald einmal
erfahren. Denn eines Morgens war totale Panik im 'Laden'. Das
wichtigste Programm funktionierte nicht mehr richtig. Die produz-
ierten Resultate liegen in einer mehrstelligen Millionenhöhe
daneben.
Höchste Alarmstufe! Äusserster Notfall! Feuerwehr-Einsatz für ihn.
Die Zentrale der Bank wurde sofort informiert. Die umgehend den

Direktor, wie es damals noch hiess und nicht etwa CEO, seiner
Firma ein geharnischtes Telefon schon am frühen Morgen beschert.
Mit vollster Konzentration, obwohl noch nicht ganz wach, ging er ans
Werk. Die üblichen vorgegeben Kontrollen brachten wie so oft auch
so üblich keine Erklärung

Er hielt sich den Kopf und ging fast kopflos um den grössenwahnsin-
nigen Tabulator. Den Blick stur auf den Boden gerichtet.

Und was sah er denn da?

Wunderbare Erleuchtung! Wohl dank seiner schon beinahe
sprichwörtlichen Intuition.

Auf der Seite wo das Tableau mit dem 'Programm' eingehängt wird
hing das eine Ende eines dieser grauen kleinen Kabel lose und im
freien Fall gefallen in der Luft!!!

Sabotage?

Nein: Putzfrau! Wie es sich später herausstellte. Die hatte mit dem
Besen irgendwie das Kabel unabsichtlich im Übereifer herausgeris-
sen.

Das Problem ist erkannt. Aber noch nicht gelöst. Denn er wusste ja
nicht wohin es wieder hineingesteckt werden muss. Das war Sache
des Programmierers. Und der ist in Zürich. Aber der ist nicht einmal
dort: Er ist in den Ferien auf den Bahamas. Wie er, total am Boden
zerstört, am Telefon erfuhr.

Ferien? Ausgerechnet zur Zeit der Jahresabschlüsse!

Er stand da! Schlimmer als der berühmte Esel am Berg!!!

Doch wieder einmal ein Geschenk des Himmels. Oder besser: Die
Idee einer sehr intelligenten Operateurin, die alles mitbekommen
hatte. Sie sagt: Der Programmierer habe sein Programm sehr genau
dokumentiert. Die Unterlagen seien in einer Schublade beim Chef
der Bankfiliale.

Waren sie! Innert kürzester Zeit war dann das Kabel wieder im
richtigen Ort verankert und der Spuk war vorbei.
Nur um bald von einem anderen abgelöst zu werden.
In Form eines leichten grau-bläulichen Rauches, der sich über einem
der Rechenwerke aufzusteigen wagt. Um sofort wieder
wegzu¬schleichen
Jetzt ist das Problem aber diesmal sofort erkannt. Die Lösung
dessen aber viel schwieriger und vor allem viel zeitraubender als der
vom Besen der Putzfrau verursachte
Denn dort vor Ort gibt es keine Recheneinheit in Reserve. Wohl aus
Kostengründen. Jetzt muss aber sofort, koste es was es wolle, eine
neue solche her. Wieder ein mehr als nur sehr aufgeregtes Telefon
mit seiner Zentrale in Zürich

Damals gab es noch keinen Kurierservice. Also muss der Ersatz
anderswie selber eingefahren werden. Das wird auch blitzartig
organisiert. Ein Chauffeur sei schon bald unterwegs.
Es gab damals noch nicht so oft Stau auf der Nordseite des
Gotthards. Nur einige Stunden später ist er in Lugano. Und zwar mit
dem Wagen des Generaldirektors: Ein Citroën CS19. Der Modernste
vom Modernen. Zum Glück ist der zurzeit nicht wie sonst so oft in
der Reparaturwerkstatt.

Diese Episode in der 'Anstalt' wurde, im Zusammenhang der eben
gelernten Tabulatoren, vorgegriffen. Sorry!

Zurück nach Paris in die Schulungsräume. Die 'Erziehung' zum
vollamtlichen Wartungstechniker ist ja noch lange nicht zu Ende.

Jetzt kommt eine ganz andere Art und viel moderneres Gerät in das Ausbildungsprogramm. Den Name 'Computer' war ihm damals noch immer kein allgemeiner Begriff. Der ist wohl der Name für eine von den moderneren 'von Neumann' Maschinen. Eine solche tritt jetzt in sein Leben. Und diese 'echten' Computer werden von jetzt an sein Leben prägen...

Zuerst ist es der besagte Röhrenrechner Bull Gamma 3.
Der damalige Direktor des Unternehmens 'BULL', Pierre Letort beschrieb in der Zeitschrift 'Arts et Manufactures' Nr. 22 vom Juni 1953 die Arbeitsweise des Gamma 3 wie folgt:
'In seiner augenblicklichen Form arbeitet der Elektronenrechner als Zusatzgerät zu den Lochkartenmaschinen, an die er angeschlossen wird. Die Lochkartenmaschine fühlt die im Zuführmagazin eingelegten Karten ab und sendet die gelesenen Werte an den Elektronenrechner, von dem sie umgekehrt die Ergebnisse erhält, die sie je nach ihrer Arbeitsweise schreibt oder locht. Aber welche Rechenaufgabe auch gestellt sein mag, das Ergebnis des Elektronenrechners entsteht so schnell, dass es zeitlos zu sein scheint.
Die Gamma 3 voll ausgebaut verfügt über 7 Laufzeitspeicher mit einer Kapazität von je 12 Dezimalstellen, die sich in einen Rechenspeicher und 6 Zahlenspeicher aufteilen. Zur Speichererwei¬terung gibt es noch so genannte 'Speicherschränke' mit 24 Speichereinheiten für je 12 Dezimalstellen. Also der Platzbedarf eines Kleiderschrankes zum Abspeichern von 24 zwölfstelligen Dezimalzahlen!!!

Insgesamt ist der Rechner mit knapp 400 Elektronenröhren bestückt. Die Anpassung des Elektronenrechners an die langsame Lochkartenmaschine erfolgt durch Elektronenröhren. die binäre Zustände zwischenspeichern.'

Eine sehr genaue technische Beschreibung. Sehr wahrscheinlich nicht von dem genannten Herrn geschrieben. Er war ja schliesslich

der CEO. Aber seine von ihm eingestellten Ingenieure, die diesen
Rechner schufen, waren schon einsame Spitze.
Also diese damals technische 'Sensation' gilt es jetzt zu meistern.
Und sicher auch bald einmal auch zu reparieren.
Doch solche schwierige Aufgaben liebt er bekanntlich. Und
schmutzige Hemdärmel wird die nicht bescheren. Elektronen
machen keinen Lärm und verursachen auch keine Farbspritzer

Doch auch bei dem 'Wunderding' ist auch noch viel Mechanik daran.
Es ist die Verschalung, die wiederum aus dem bekannten öden
grauen Eisenblech besteht. Und den ausklappbaren Chassis, die mit
den benötigten elektronischen Komponenten bestückt sind. Diese
befinden sich auf einer Seite des grossen, so zwei auf zwei auf zwei
Meter messenden sehr schweren Schranks. Dann braucht es für den
Anschluss an eine der Lochkartenmaschinen den massiven so zehn
Kilogramm wiegenden Stecker. Die sind mit bis zu hundert Drähten
bestückt. Jeder in seiner eigenen Farbkombination. Das gesamte
Kabel ist ein dicker grauer Schlauch der an eine Boa erinnert. Und
brandgefährlich: Das Risiko über den zu stolperten, ist gross.
Und die SUVA hat nicht eingegriffen...

Die eine Hälfte des hässlichen 'Klotzes' enthält die Elemente der
Strom-Versorgung. Es werden so an die acht verschiedene
Spannungen gebraucht. Von 6 Volt Gleichstrom zur Speisung der
Heizfäden der Röhren bis zu 200 Volt Gleichstrom für deren
Anodenspannung. Dann 20 Volt für die doch auch noch im dem
Gerät eingesetzten Relais. Dann Wechselstrom für die Motoren der
Ventilatoren die die von den Röhren verursachte Wärme wegblasen
müssen. Die Gleichrichtung vom Netzwechselstrom zu Gleichstrom
geschieht durch eine Reihe von Platten aus Selen. So zehn auf zehn
Zentimeter messend und drei Millimeter dick. Die sind also recht
gross und für die geforderte Leistung in Serie montierte. Selen ist ein
Metall, das den Strom nur in einer Richtung passieren lässt. Solche
Gleichrichter wurden vor den Gleichrichterröhren und den viel später
entwickelten Halbleiterelementen, den Transistoren, eingesetzt.

Die temporäre Speicherung der winzigen Mengen von binären Daten
erfolgt auf diese Weise: Auf den ausklappbaren Chassis sind in
Serie hintereinander geschaltete elektrische Spulen und Kondensatoren. Diese Kombination erwirkt eine Verzögerung der durchge-
henden Impulse. Auf Englisch eine: 'delay line.' Sie werden von dem
Ausgang der Kombination wieder an deren Eingang geschaltet. Die
Daten drehen sich zuzusagen im Kreise.
Was eine Speicherung dieser gleichkommt
Zwischen den Spulen und den Kondensatoren müssen die Signale
verstärkt werden. Das wird erwirkt durch dazwischen geschalteten
elektronische Röhren: den 'Trioden'.

In diesen Radioröhren wird der Strom zwischen Anode (Pluspol) und
Kathode (Minuspol) durch ein dazwischen liegendes Gitter gesteuert.
Um diesen Stromfluss durch das Vakuum zu ermöglichen, muss die
Kathode durch einen Heizfaden erhitzt werden. Das ist ein
Drähtchen wie in einer Glühlampe, das von dem soeben erwähnten
6 Volt Gleichstrom zum Glühen gebracht wird_

Die Wartung von dem Bull Gamma 3 besteht aus der Kontrolle der
Spannungen und der Temperatur im Kasten und aus dem Prüfen
des Heizfadens der Röhren. Dieser Glühfaden ist das verletzlichste
Element einer solchen und hat eine beschränkte Lebensdauer. Um
einen Ausfall des 'Elektronengehirnes' vorzubeugen, muss dieser
Heizfaden täglich extra 'strapaziert' werden. Das wird so gemacht:
Man lässt ein speziell für diesen Zweck geschrieben Programm auf
der Maschine laufen. Jetzt wird mit einem kleinen Gummihammer
auf jede der Röhren oben ein leichter Schlag versetzt.

Wohlverstanden: Auf deren vierhundert!
Steigt das Testprogramm dabei nicht aus, ist die Röhre noch in
Ordnung.
Sonst sofort auswechseln.

Es macht ihm Spass den 'Hammermann' zu machen. Sehr viel

einfacher und weniger manuelle Schwerarbeit wie bei dem bis anhin
gelernten, jetzt ihm schon gänzlich veraltetet vorkommenden
Apparaten.

Das war es dann auch. Paris ist vorbei. Die 'Ausbildung' ist über die
Runde gebracht. Es lief zwar gar nicht immer rund.

Doch Zitat: "Was einem nicht umbringt, macht einem stärker".
(Friederich Nitschke)

Also: Ihn hat es nicht umgebracht. Nach Hause geschickt wurde er
auch nicht. Wie die Resultate der wöchentlichen schriftlichen und
auch praktischen Prüfungen ausgefallen sind, entzieht sich seinen
Kennnissen. So ein 'eigentlich' schlechtes Gefühl hat er auch nicht.
War er doch meistens vor den anderen fertig. Ohne in Schweiss
gebadet zu sein wie einige seiner schweizerischen Kollegen. Die
Schweden scheinen die Sache eher von der leichteren Schulter zu
nehmen. Auf jeden Fall viel 'cooler'. Sie sind auch schliesslich
Nordländer.
Zurück in Zürich. Das Gelernte anwenden. Der Firma beweisen,
dass ihre Investition sich gelohnt hat.

Zuerst macht es im noch so richtigen Spass. Er wird ja bei einem
Einsatz bei den Kunden noch 'prophylaktisch' von einem Routinier
begleitet. Freundlicherweise nicht gleich allein ins berühmte kalte
Wasser geworfen.
Aber so wie so oft bei ihm. Wenn etwas zur Gewohnheit wird, dann
wird es ihm sehr schnell einmal langweilig.

Trotzdem mehr als es ihm lieb ist, wird er doch oft hart gefordert.
Herausforderungen brauchte er bekanntlich deren viele. Die sind
nötiger als die langweilige routinemässige Wartung. Die auch immer,
wie bekannt, mit schmutzigen Händen verbunden ist.

Doch es gab auch positive Erlebnisse. Zum Beispiel die bewun-

dernden Blicke des Direktors eines dazumal sehr renommierten
grossen Schuhhandlungskonzerns.
Der, der Zufall wollte es so, ist vor Ort als ausgerechnet er an dem
Tage wegen einer Panne dorthin aufgeboten wird.
Der oberste Chef kontrolliert persönlich periodisch was seine so
teurer bezahlten Tabulatoren. Er nennt sie fälschlicherweise stolz
schon: 'Elektronenhirne' auch wirklich leisten. Und den oben
erwähnten lobenden Blick hatte er sicher verdient. Er hat den Fehler
sofort im Griff: Nach einem Ausfall des städtischen Stromnetzes hat
der Motor des Tabulators nicht mehr die so exakt benötigte
Tourenzahl.
Der Ausdruck des 'Hirnes' ist schon sehr übertrieben. Der Kunde
konnte sich, trotz den immer steiler ansteigender Umsatzzahlen,
anscheinend den Bull Gamma 3 nicht leisten. Oder der wird für die
zu erstellenden meistens kleineren Rechnungen auch nicht
gebraucht

Ein anderer, auch sehr kritischer Kunde, war ein Engrosshändler.
Jeden Morgen müssen Punkt vor acht Uhr die Lieferscheine erstellt
worden sein. Die Fahrer von einem halben Dutzend schweren
Lastwagen warten höchst ungeduldig darauf
Also, wehe, wenn die Lochkartenverarbeitung-Geräte in der
Nachtschicht schlapp machen..
Für diesen Kunden ist speziell ein Bereitschaftsdienst organisiert. Er
muss also damit rechnen kurz nach Mitternacht schrill vom Telefon
geweckt zu werden
Passierte nur einmal. Kaputt ist offensichtlich eigentlich nichts. Der
Operateurin gelingt es nur einfach nicht eine neue Papierrolle zu
montieren. Frauen sind manchmal in Sachen Technik etwas
unbeholfen (sorry...)

Oder es war ihr einfach nur langweilig.
Weil sie wirklich sehr adrett und echt sexy ist er ihr nicht einmal
böse. Das ist diesmal nun wirklich keine 'Intelligenz'-Arbeit.

Leider war in der ganzen Schweiz bis dato noch kein Gamma 3
verkauft worden. Der hätte schon ganz andere Anforderungen an
den Intellekt gestellt. Doch jetzt so im Nachdenken: Wahrscheinlich
war es besser dass er mangels Gelegenheit den bis jetzt nicht so
richtig bis an den Anschlag benötigt. Denn: Bei 400 Hundert
Elektronenröhren, deren Heizfaden eine durchschnittliche
Lebensdauer von zehn Jahren haben, ist die Ausfalls-Quote des
Gerätes im Bereich von sage und schreibe so etwa zwei Wochen.

4. Der Supercomputer CDC 6600.

Bis jetzt ist von 'richtigen' Computern nur vage die Rede. Die Herren
John von Neumann und Karl Zuse wurden doch schon einmal
erwähnt. Die waren unter anderen die eigentlichen Pioniere zu
dem,was sie damals selber wahrscheinlich sich nie gedacht hatten:
Die unglaubliche, fast zu sagen unheimliche, Entwicklung, die die
'Geschichte' der Menschheit in eine vollständig neue Dimension
gebracht hatte.

Zu Vergleichen etwa mit der Erfindung des Schiesspulvers.

Für ihn beginnt Ende 1963 mit dem, was jetzt kommen wird, ein
ganz neues Leben. Das ihn nicht mehr loslassen sollte. Bis heute:
2019. Das bisher erlebte hört sich jetzt an wie Erlebnisse aus der
Zeit der Antike der Informatik. Oder mindestens des sehr frühen
Mittelalters.

Er hatte den täglichen, fast langweilig werdenden 'Spass' mit den
Apparaten von Bull bald einmal satt. Die Arbeit wurde immer
eintöniger. Der berühmten Herausforderungen gab es immer
weniger. Ein Gamma 3 wird wie es so im Moment aussieht in Zürich
auch nicht verkauft werden können.
Und er war auch noch recht jung. Auch wenn er bei der Fehlerbe-
he¬bung der Eisen-Kisten oft doch schon recht alt aussah.
Jetzt muss schleunigst etwas Neues her. Und bei Bull war da
überhaupt nichts in Sicht. Erst als die Firma später dann mit
Honeywell fusionierte und damit zur Honeywell-Bull avancierte
wurde, kam etwas Leben in deren Bude. Doch Honeywell brachte
den Pfeffer hinein: Die modernen Rechner. Das mechanische, d.h.
das Kartenlesen, Stanzen und Drucken wurde ausschliesslich der
übernommen und eingegliederten ehemaligen Bull überlassen.

Er erlebt die Zeit der Fusion nicht mehr bei der Firma, die ihm

immerhin den Start seiner beruflichen eher aussergewöhnlichen
Laufbahn ermöglichte und bezahlt hatte. Er war dann schon
längstens weg.

Das riesige Glück, das jetzt so plötzlich hold war und die Chance die
sich auftat waren zu unwiderstehlich.

Wer war denn das? Die Control Data Corperation, die CDC.

Der Stellen-Anzeiger dieser ihm und auch den meisten vielen nicht
nur 'Nicht-Fachleuten' völlig unbekannter amerikanischen Firma
lautete in etwa so: Wir suchen Techniker für unseren soeben
verkauften Supercomputer im CERN (Centre European de
Recherche Nuclaire).

Die ganze Anlage kostete, wie er erst später erfahren hatte, über
acht Millionen. In den damals schon recht harten Schweizerfranken.
Das 1964!

Verlangt werden Computererfahrung, gute Englischkenntnissen und
die Bereitschaft sich in den USA ausbilden zu lassen und dann in
Meyrin GE zu arbeiten.

Er glaubt kaum einen solchen attraktiven Job zu bekommen.
Mangels einschlägigen Erfahrung mit Transistoren-Rechnern (Wer
hatte die aber damals schon?) und mit seinem rudimentären
Englisch. Gelernt in Abendkursen in der Klubschule der Migros.

 Doch: "Wer nichts wagt, gewinnt nichts". (Zitat).

Er meldet sich. Ein schweizerdeutsch sprechender Herr ist am
Telefon und stellt sich ihm vor. Er sei der für die Schweizer Filiale
zuständige Chefsekretär und der vorläufige Direktor der CDC
Switzerland.
Die ganze Firma hat in der Schweiz, wie es sich später herausstellte,

ausser ihm nur noch drei Sekretärinnen, zwei Programmierer und einen Techniker unter Vertrag. Er müsse in den nächsten drei Tagen unbedingt bei ihnen vorsprechen. Der für die Anheuerung zuständige Ingenieur aus Minneapolis sei nur drei Tage hier. Es pressiere alles grausam. Im März beginnen die Kurse in Minnesota. Es war schon Ende Oktober!

Für eine solche Chance wird er alles andere fallen lassen. Also wird sofort ein Termin vereinbart. Er soll noch am gleichen Tag seine vorhandenen Unterlagen express an die Zürcher Adresse schicken, um von ihm geprüft zu werden. Der Chef aus Minnepolis spräche kein Wort Deutsch. Was ja auch von einem Ami aus dem Mittleren Westen nicht zu erwarten ist. Er muss aber zuerst auf einer Landkarte suchen, wo Minneapolis und Minnesota überhaupt liegen: Nämlich westlich des Mississippis an der Grenze zu Kanada.

Er ist schon etwas mehr als nur nervöse im Empfangsraum der schicken Büros in einem vornehmen Gebäude in der Nähe des Paradeplatzes in Zürich. Es liegen englischsprachige Computer-Fachzeitungen auf einem kleinen Glastisch vor. Er blättert lose in denen herum. Gerade viel hat er nicht begriffen und verstanden schon fast gar nichts. Was er aber mitbekommen hat, war dies: Diese Maschine, die CDC 6600, wurde überall über allen grünen Klee bewundert und gelobt. Als das Modernste, das Führende und des Leistungsfähigste von dem, was bis anhin auf den Markt gebracht wurde.

Solches stellt schon auf. Ist er jedoch der Mann dazu?

Werden sehen. Muss bis zum Interview noch warten. Ein anderer Kandidat ist noch dort. Unterdessen plaudert der Sekretär ganz freundlich mit ihm und stellt nicht einmal konkrete Fragen

Die Türe öffnet sich. Der austretende Bewerber verabschiedete sich. Im akzentfreiem Oxford-Englisch.

Ein dicklicher, jovialer mittelalterlicher Herr begrüsst ihn jetzt im breitesten 'Yankee-Slang'. Nicht im Anzug wie er, sondern in Jeans, Turnschuhen und mit einem mit den grossen Buchstaben CDC auf dem Rücken bedruckten grauen T-Shirt. Er setzt sich ihm gegenüber an den vornehmen Sitzungstisch.

Der Ami beginnt sofort langsam, aber für ihn mehr als nur undeutlich, auf ihn einzureden. Ab und zu schaut er ihn recht unverständlich an. Wahrscheinlich hat er eine Frage gestellt und wartet auf Antwort.

Also macht er das von jetzt an. Weniger mit Worten als mit Gesten der Bejahung oder der Verneinung. Je nach der Mimik, die über das Gesicht des Mannes der ihn lebhaft an einen Cowboy erinnert, jetzt gerade huscht.

Wie ist er froh, dass das qualvolle Ganze jetzt bald gelaufen ist! Will dem Typen die Hand zum Abschied geben. Der glotzt ihn nur mehr oder weniger erstaunt an. Anscheinend ist das im Mittleren Westen nicht so üblich.

Der Sekretär scheint ungeduldig auf das Ende des Gespräches gewartet zu haben, denn er kommt sofort auf ihn zu und fragt: "Wie ist es gegangen? Sind sie angestellt?"

Er antwortet oder besser er lügt:"Es ging...".

Jetzt ist er, für sein Gegenüber bestimmt sichtbar, sehr, sehr verlegen. Und flüstert äusserst beschämt: "Das müssen sie den fragen"
Er fragt ihn. Auch eher im schweizerdeutsch gefärbten Englisch als im US-Jargon.
Zu seinem grossen Erstaunen nickt der. Und murmelte so etwas wie: "Für Details des Vertrages wie Lohn, Ausbildung und so weiter ist Mister Sekretär für dich zuständig". Dann geht er stämmigen Schrittes zur Türe. Und dann fragt er den noch: "Wo ist der nächste

McDonalds?".

Das unerwartete Finale jetzt: Der Schweizer sagt: "Sie sind
angestellt! Beginn der Anstellung ist der 1. März. Über alles andere
sprechen wir später".
Alles andere ist doch jetzt ganz egal. Es wird sicher schon in
Ordnung sein.
Doch was jetzt kommt hat ja kommen müssen! Der Sekretär sagt, ja
brüllt es fast: "Jetzt wird aber sofort voll konzentriert Englisch
gebüffelt!!!"
Das ist jetzt aber ein äusserst strenger schweizerischer militärischer
Befehlston.

Zuerst muss er aber der Bull die Kündigung schicken. Dass der
Stellenwechsel ihn ernsthaft in Schwierigkeiten bringen könnte, an
das hat er gar nicht gedacht. Denn beim bestehenden Arbeitsvertrag
war eine sogenannte 'Konkurrenzklausel' drin. Die besagt, dass man
nach der Vertragsauflösung nachher während drei Jahren nicht bei
der Konkurrenz arbeiten darf. Für ihn ist der neue Arbeitgeber aber
keine Konkurrenz zu dem jetzigen. Denn die sind ja denen technisch
so haushoch überlegen. Man kann sagen: Die sind nicht einmal
Konkurrenten auf dem 'high class computer market'.

1. März 1964. Ort der ersten Handlung: Das vornehme Büro nähe
Paradeplatz im Zentrum von Zürich. Erster Arbeitstag.
Respektive ein Tag des Herumsitzen. Denn um 0750h. ist weit und
breit noch keine Menschenseele zu sehen. So um 0830h tummelt
dann die erste Dame ein. Adrett und korrekt gekleidet. In weisser
Seidenbluse, schwarzem eleganten Faltenjupe und eleganten
schwarzen Schuhen mit hohen Absätzen. Sie schaut ihn erstaunt an.
Doch dann fällt ihr, wie man so in Zürich sagt, der 'Zwanziger'
hinunter. Sie fragt schon so etwas wie bewundernd: "Sind sie der
neue Angestellte für die 6600 in Genf?".
Er wird hineingeführt und mit der Hand auf den Stuhl im Vorzimmer
gewinkt. Der Chefsekretär komme heute nicht. Der sei im CERN. Ein

Büro für ihn gebe es nicht. Er arbeite ja sowieso nicht hier. Er soll
doch einfach hier im Vorzimmer sich einrichten.
Dann sagt sie ganz energisch:"Sie müssen jetzt zuerst dieses
Formular für die amerikanische Botschaft in Bern ausfüllen. Denn er
brauche schnellstens ein Visum. Die Schulung beginne am 15. März
wie besprochen in Minneapolis".

Mit sehr viel Mühe versucht er das Formular zu entziffern und so
ehrlich wie möglich zu komplementieren. Zum Glück hat er seinen
Reisepass und ein Wörterbuch bei sich. Seiten vom amtlichen
Dokument werden von der Sekretärin sofort kopiert und das
ausgefüllte Gesuch genauestens kontrolliert und begutachtet.
Er scheint an ihrem Blick nach zu erkennen, dass alles
vorschriftsgemäss in Ordnung ist.

Wollen sie einen Kaffee?".

 Natürlich will er einen. Ein Espresso wenn möglich. Der wird ihm
jetzt auch sofort recht vornehm auf einem Plateau serviert.
Dann schiebt sie einen grossen Stapel Hefte, improvisierte
Schaltzeichnungen (blueprints) mit völlig unverständlichen Symbolen
und lose Blätter mit von Hand hin gekritzelten Blockdiagrammen hin.
Er solle das durchgehen heute und dann mit nach Hause nehmen.
Am Mittwoch, den 3. März, sei er dann aufgeboten bei der
Installation einer CDC 1604 an der ETH in Zürich mitzuhelfen.

Er weiss nicht einmal, dass es so eine Maschine gibt. Also nichts wie
los und in die 'Literatur' tauchen. Er ist so fest damit beschäftigt,
dass er das Erscheinen von zwei weiteren Damen, ebenso chic
gekleidet, und eines Herrn gar nicht realisierte.

1. März 1964. Ort der ersten Handlung: Das vornehme Büro nähe
Paradeplatz im Zentrum von Zürich. Erster Arbeitstag.
Respektive ein Tag des Herumsitzen. Denn um 0750h. ist weit und
breit noch keine Menschenseele zu sehen. So um 0830h tummelt

dann die erste Dame ein. Adrett und korrekt gekleidet. In weisser
Seidenbluse, schwarzem eleganten Faltenjupe und eleganten
schwarzen Schuhen mit hohen Absätzen. Sie schaut ihn erstaunt an.
Doch dann fällt ihr, wie man so in Zürich sagt, der 'Zwanziger'
hinunter. Sie fragt schon so etwas wie bewundernd: "Sind sie der
neue Angestellte für die 6600 in Genf?".
Er wird hineingeführt und mit der Hand auf den Stuhl im Vorzimmer
gewinkt. Der Chefsekretär komme heute nicht. Der sei im CERN. Ein
Büro für ihn gebe es nicht. Er arbeite ja sowieso nicht hier. Er soll
doch einfach hier im Vorzimmer sich einrichten.
Dann sagt sie ganz energisch: "Sie müssen jetzt zuerst dieses
Formular für die amerikanische Botschaft in Bern ausfüllen. Denn er
brauche schnellstens ein Visum. Die Schulung beginne am 15. März
wie besprochen in Minneapolis".

Mit sehr viel Mühe versucht er das Formular zu entziffern und so
ehrlich wie möglich zu komplementieren. Zum Glück hat er seinen
Reisepass und ein Wörterbuch bei sich. Seiten vom amtlichen
Dokument werden von der Sekretärin sofort kopiert und das
ausgefüllte Gesuch genauestens kontrolliert und begutachtet.
Er scheint an ihrem Blick nach zu erkennen dass alles
vorschriftsge¬mäss in Ordnung ist.

"Wollen sie einen Kaffee?",

Natürlich will er einen. Ein Espresso wenn möglich. Der wird ihm
jetzt auch sofort recht vornehm auf einem Plateau serviert.
Dann schiebt sie einen grossen Stapel Hefte, improvisierte
Schaltzeichnungen (blueprints) mit völlig unverständlichen Symbolen
und lose Blätter mit von Hand hin gekritzelten Blockdia¬grammen
hin. Er solle das durchgehen heute und dann mit nach Hause
nehmen. Am Mittwoch, den 3. März, sei er dann aufgeboten bei der
Installation einer CDC 1604 an der ETH in Zürich mitzuhelfen.
Er weiss nicht einmal dass es so eine Maschine gibt. Also nichts wie
los und in die 'Literatur' tauchen. Er ist so fest damit beschäftig dass

er das Erscheinen von zwei weiteren Damen, ebenso chic gekleidet, und eines Herrn gar nicht realisierte.

Erst als der Herr sich jetzt als zukünftiger Arbeitskollege in reinem akzentfreiem stadtzürcherischen Kreis 4 Akzent als 'Edi' vorstellt und ihm freundlich die Hand schüttelt, ist er vorübergehend wieder in der Realität. Der sagt, er habe die Angestelltennummer sieben bei der CDC Schweiz. Folglich sind sie die Nummer 8. Ist er während seiner ganzen Tätigkeit bei CDC. Am Ende deren in über siebzehn Jahren werden es über hundertzwanzig 'CDCler' allein in der Schweiz sein.

In dem Zenit der CDC, als sie die weltweit Nummer 3 im 'Computerusiness' war waren es deren über 120 Tausend. Natürlich wie immer hinter der Nummer 1: Der IBM.

Am Mittwoch sieht er Edi wieder. Der schlägt sofort das 'Du' vor. Bei den Amis gebe es kein 'Sie'. Und er müsse jetzt mithelfen die CDC 1604 an der ETH zu installieren. Oder wenigstens beim Transport und beim Auspacken Hand anlegen.

5. Mit der CDC 6600 in Minneapolis und in Chippewa Falls.

Am 13. März Flug mit der Douglas DC6 der Swissair (Flug Nr. 100) nach New York. Heftiges, irres sich durch die Einreisekontrolle schleusen. Mit mehr als nur kritischem Blick des Beamten. Doch sein Business Visum 'B4' beruhigt den anscheinend. Dann durch den Zoll. Sein einziger Koffer wurde nicht einmal geöffnet, sondern sofort den grimmig ausschauenden schwarzen Muskelprotzen hinter der Eintrittskontrolle hingeworfen.

Weiter ging es mit der 'Northwest Orient Airline'. Das Flugzeug ist halb leer. Darum auch die äusserst freundlich lächelnden und in den Farben der Fluggesellschaft blau-gelb und noch mit Jupes bekleideten Stewardessen. Eine Büchse Coca-Cola und ein halbwegs essbaren Sandwich sind gratis und wird ihm hingeworfen. Natürlich nur im Kartonbecher und ohne Teller. Ist ihm egal. Er ist doch schon todmüde und hätte beinahe den Anflug auf den Flugplatz der 'Twin Cityes' (Zwillingsstädte Minneapolis-St. Paul) verschlafen, wenn er nicht durch das Tosen des draussen herrschenden Wintersturmes brüsk durchgeschüttelt wurde.

Nach der zitterigen Landung wird er von einem breiten, immer lachenden, wiederum jovialen Herr abgeholt und sofort ins Hotel im Zentrum gefahren und verabschiedet. Der sagt so etwas wie er sei für die 'Trainees' aus Europa zuständig und verantwortlich und werde ihn am Montag ins Schulungszentrum bringen.

Das glaubt er mindesten so verstanden oder besser erraten zu haben. Gute Nacht! Das wird ja gut werden mit diesem rudimentären Amerikanisch-Englisch, das die ihr anscheinend praktizieren.

Sonntag in Minnepolis Anfangs März. Für ihn eine total andere Welt

als er sich bis anhin gewöhnt war und die er sich naiverweise gar
**nicht so vorgestellt hatte.

Sonntagmorgen. Ausgeschlafen? Eine tüchtige Portion Jetlag ist
sicher noch latent vorhanden. Doch damals wusste er noch gar
nicht, was das ist.

Erstes amerikanisches 'Breakfast'. In einem drittklassigen
Businesshotel. Für ihn aber sehr vornehm. Das Frühstück auch
fremd: Spiegeleier, Rösti (hash brown potatos) und halb verbran-
nten Brotscheiben mit gesalzenem Butter und lausiger Kaffee. Eher
'hot black stuff'. Doch soviel man will. Die Kellnerin, sprich 'maid',
läuft mit der kugelrunden Kanne emsig umher und giesst, gefragt
oder nicht, immer wieder die grosse Tasse voll.

Doch das Wetter ist schön. Super für eine kleine Besichtigung der
Stadt. Es wird sicher unten am Mississippi ein Quai geben mit
Restaurants und schicken Geschäften. So wie am Limmatquai in
Zürich.

Draussen ist ziemlich unangenehm kalt. Die Strassen menschenleer.
Ähnlich wie auf dem sehr schönen Bild von Edward Hopper, mit dem
Titel 'Early sonday mornig,' das er so liebt. Nur ist er hier nicht in der
dargestellten Kleinstadt im amerikanisc trostlosen Wolkenkratzer auf
beiden Seite der schnurgeraden Strassen mit exakten rechtwinkligen
Kreuzungen. Ohne fahrende Autos.
Der Fluss ist aber sehr weit weg. Auf der Landkarte, die er schon in
Zürich bekommen hatte, sieht alles viel näher aus. Über die sehr
breite Brücke, die er so nach etwa einer halben Stunde erreicht,
führte kein Trottoir. Also wird auf dieser Seite geblieben. Der Fluss
weit, weit darunter wird wahrscheinlich eher ein Geriesel sein. Jetzt
ist aber alles dick zugefroren. Kein offener Laden. Geschweige dann
eine 'Beiz'.
Und er friert auch. Erst später zurück im Hotel realisiert er, dass es
zehn Grad Minus herrscht. In Celsius. Er muss dies mit seinen zum

Glück noch vorhandenen Schulwissen ausrechnen, denn das
Thermometer aussen am Hotel zeigt natürlich die Temperatur nur in
Fahrenheit an.

Montag: Frühstück wie gehabt. Ein Herr am Tisch nebenan spricht
ihn an. Verstanden hat er nur so etwas wie: "European?"
Er sagt einmal: "Yes. From Switzerland. Und warum wissen sie
das?" "Die Art wie sie essen: mit Gabel und Messer". Er versteht
zuerst nur 'Bahnhof'. Erst später wurde ihm gesagt: Die Amis essen
nur mit der Gabel, die sie von einer Hand in die andere wechseln.
Sozusagen in einem Wechselsystem. Was ihm bis anhin noch gar
nicht bekannt oder gar aufgefallen war.
Der Betreuer holt ihn pünktlich um 0800h. ab. Durch die jetzt sehr
viel belebteren Strassen geht es in wiederum empfindlicher Kälte zu
einem anderen Hotel. Dort sei nun für die ersten drei Wochen der
erste Teil der theoretischen Schulung.
Die Begrüssung durch die Instrukteurin ist eher kühl und ohne
Händedruck. Die anderen 'Trainees' sind allesamt Amerikaner. Aus
verschiedenen Staaten, wie er aus deren lebhaften Diskussionen vor
Kursbeginn, trotz seinem lückenhaften Englisch mitbekommen hat.
Die Sprache ist vorerst sein grösstes Problem. Zwar lernt man in den
vornehmeren privaten Sprachschulen wie die Klubschule zu fragen:
Wo kann ich meinen Rolls-Royce parkieren? Aber nicht wie in
Minneapolis einen Hamburger zu bestellen.
Zuerst wird noch nicht über Hardware gesprochen, sondern ganz
einfache Programmierung behandelt.
Die erste wirkliche Aufgabe ist nach dem zweiten Tag dann ein
kleines Programm in der Programmiersprache FORTRAN (Formula
Translation) zu schreiben. Fortran ist eine der ersten höheren
Programmiersprachen. Die wurde natürlich, wie kann es anders sein,
von IBM entwickelt.
Einen Rechner gibt es im Hotel nicht. Einen Kartenlocher schon. Die
gestanzten Karten werden in das Zentrum im Hauptquartier
geschickt und die Resultate am anderen Tag 'ausgeliefert'.
Sein erstes Programm von zehn 'statements' resultierte in zehn

Fortran-Fehler. Bittere Enttäuschung für ihn. Er ist doch so felsenfest
überzeugt alles richtig verstanden und implementiert zu haben.
Das Dringendste ist aber jetzt so schnell als möglich nicht Computer-
sprachen, sondern das reale hier gebrauchte Englisch zu lernen. Er
beginnt sofort die am meisten gebrauchten Worte oder besser
Ausdrücke aufzuschreiben und nach Feierabend in seinem extra
grossen amerikanisch orientierten Wörterbuch diese nachzuschla-
gen und auswendig zu lernen.
Ein billiges Taschenradio wird bei einem Occasionshändler
angeschafft und wenn immer möglich eingeschaltet. Um auch wieder
die Ausdrücke niederzuschreiben und dann zu büffeln.

Nach drei Wochen dann, wie angesagt, geht es in die praktische
Ausbildung. Die findet nun in der Fabrik in Bloomington statt. Einem
Vorort von Minneapolis. Genau neben dem Hauptquartier der Firma.
Schon so etwa 10 Meilen, also mehr als 16 Kilometer von der
Innenstadt entfernt. Wo er jetzt ein kleines sehr dürftig möbliertes
'Studio' in einem schäbigen Backsteinbau mit nur Einzimmerwoh-
nungen eingemietet hat. Gleich auf der anderen Seite der Strassen
fängt das Getto an.
Im selben dürftigen Block wohnt gleich neben ihm (next door) eine
Finnin. Wie in dem ihm so beliebten Schlager: 'Living next door to
Alice'. Vielleicht heisst sie auch so. Sie ist untypisch klein, untypisch
unsicher, untypisch sehr nervös wirkend. Es gibt sehr viel ausge-
wanderte Skandinavier in Minnesota. Klar: Das Klima, die Flora, die
Fauna und die vielen Seen sind sehr ähnlich wie in Nordeuropa. Sie
spricht sehr wenig. Nur bei einer zufälligen Begebung im Hotel
'Normandie Village' spricht sie mit ihm.
Das ist ein an Samstagabenden beliebter Treffpunkt für die 'singles'
der Stadt. Mit einer 'Piano Bar'. Da sitzt man, weiblich und männlich,
um einen grossen Konzertflügel herum. Der Pianist spielt populäre
Volkssongs. Wer kann oder mehr getrunken hat, singt mit. Das hier,
für ihn sehr teure, 'Budweiser' Bier, schmeckt gar nicht so richtig.
Kostet aber immerhin stolze 80 Cent und ist sofort bar zu bezahlen.
Es wird meistens im Stehen getrunken. Die Plätze am Piano sind nur

für Stammgäste reserviert.

Auch sie steht da. Ganz alleine. Schon etwas 'beduselt' und leicht schwankend. Skandinavier sind sich im Allgemeinen nicht so an Alkohol gewöhnt. Das hat er ja in Schweden selber erfahren. Er wagt es sie anzusprechen. Auf Schwedisch. Finnen können dies sehr oft. Sie gibt in mehr als nur auch gebrochenes Englisch Antwort. Und fragt natürlich sofort: 'Where are you from?". (Woher kommst du?). Zu seinem Erstaunen weiss sie, wo die Schweiz ist. Nicht wie so viele der hier im mittleren Westen wohnenden. Für die ist 'Schweiz' und 'Schweden' in etwa das Gleiche. Die zweite Frage ist und wie sollt es anders als üblich sein: "Was machst du hier?". Er antwortend: "Ich arbeite mit Computer".

Bewundernden, schon so etwas wie sachte leicht errötend, sagt sie anerkennenden: "Ah, auf diesen IBM Maschinen?".

"No, bei Control Data".

Zuerst einen schüchternen fragenden Blick. Dann scheint es geschaltet zu haben, denn die Antwort kommt gekonnt: "Ich schaue auch immer auf das Verfalldatum eines Produktes, das ich einkaufe". Eine ganz andere Art 'Data'...

Sehr, sehr leider geht der Beginn einer sehr wohl möglichen und für beide überfälligen 'Liebesgeschichte' nicht mehr weiter. Sie hört für ihn viel zu frühzeitig auf.

Der Alltag geht also wieder rein 'computerrotisch' weiter.

Das Auto, um ab nächsten Montag nach Bloomigton zu kommen, werde ihm zur Verfügung gestellt. Keine Frage nach einem gültigen Fahrausweis. Wurde selbstverständlich angenommen, dass er den hat.

Er hatte in der Schweiz 'nur' die Bewilligung zum Fahren eines Motorrades und den Lehrfahrausweis für das Auto. Und einige Stunden Fahrpraxis auf dem schlotterigen Volkswagen seines Lehrlingskollegen.

Er schweigt. Er will nicht postwendend wieder nach Zürich verfrachtet werden.

Am späten Freitagabend gibt ihm sein Betreuer den Autoschlüssel.
Sein Ford stehe irgendwo auf dem grossen Parkplatz.
Steht er auch. Eines der sehr grosser typischer 'Amischlitten'.
Natürlich mit automatischer Schaltung, Servolenkung und
'Powerbracks'. Zum Glück aber mit für Amerikaner-Autos recht
bescheidener und nur leicht unförmiger Heckflosse.
Als alle vom riesigen Gelände gegangen sind kommt, seine Stunde:
Einige Male im immensen, jetzt fast keinem Wagen mehr aufwei-
senden Parkplatz herumgekurvt. Dann allen Mut zusammen
nehmend in den jetzt sehr wenigen Verkehr aufweisenden und zum
Glück sehr breiten Strassen nach Hause gezittert. Lange einens
grossen Parkplatz suchen. Von wegen des Rückwärtsfahren.
Samstag und Sonntag dann intensive persönliche 'Fahrschule'. Geht
eigentlich ganz gut. Ohne allzu vieles Abwürgen des Achtzylinder-
Motors.
Am Montag dann sehr, sehr früh aufstehen. Vor dem 'Morgenrush'
muss er in Bloomington sein!
Es ist noch nicht die sagenhafte 6600 die zuerst instruiert wird.
Sondern, wie es sich gehört, zuerst mit den sogenannten peripheren
Geräten. Bis jetzt kannte er diesen Begriff nur vage. Bei den
Franzosen wurde der nicht so oft gebraucht.
Kartenleser kennt er schon. Der von CDC ist aber schon wesentlich
fortgeschrittener als der von Bull. Die Karten werden nicht mehr
mechanisch von feinen Klingen eingeschoben. Die Eingabe erfolgt
über ein System mit einer im Durchmesser zehn Zentimeter
messender schnell sich drehender Trommel. Durch kleine Löcher
werden die Karten mit einer Vakuumpumpe angesogen und durch
die elektronische Lesestation 'gejagt'. Die Ladefläche und die
Empfangsstation sind mit mehr als einem Meter auch viel länger als
die bei Bull. Genügend lang für die meisten der damaligen auf
Lochkarten gestanzten Programme. Die sind natürlich in der Fortran
Sprache geschrieben.
Das zweite zu erlernende Gerät ist der Zeilendrucker. Auch sehr viel
moderner und auch sehr viel teurer als der von Bull. Die Buchstaben
sind nicht mehr auf einzelnen Rädchen, sondern auf einer grossen

Welle aus rostfreiem Stahl eingeätzt. Die ist so 80 Zentimeter lang
mit so 8 Zentimeter Durchmesser. Die dreht sich auch wieder sehr
schnell. Unter deren wird das Endlospapier über dem breiten
Farbband durchgeführt. Sehr starke Magnete lösen dann eine Feder
aus, die einen Hebel mit grosser Gewalt gegen die Walze hämmern.
Versteht sich: In der Millisekunde, wenn sich das zu druckende
Zeichen dort befindet.
Mit diesen Federn hatte es eine besondere Bewandtnis: Sie seinen
aus einer ganz besonderen Stahllegierung gefertigt, die für die
schweizerischen Maschinengewehre vor dem Zweiten Weltkrieg
entwickelt wurden. Das wird ihm vom Instrukteur flüsternd gesagt. Im
einigermassen passablen US-Englisch.
 (NB: Dieses Material war eines der strengstens behütenden
Geheimnisse der schweizerischen Rüstungsindustrie vor und
während des Zweiten Weltkrieg).

Nach den ersten zwei Wochen mit auch sehr vielen praktischen
Übungen an den gelernten Geräten ist er dann so weit: zur
Fahrprüfung!
Die findet glücklicherweise auch wieder in Bloomington statt. Der
Theorie-Test ist eher simpel. Die Antwort muss nicht formuliert
werden, sondern man kann die ankreuzen. Das Fahren geschieht in
einem abgeschlossenen Gelände ohne jeglichen anderen Verkehr.
Einige nicht einmal schmale Kurven sind zu meistern. Dann auf
einem für schweizerische Verhältnisse nicht allzu steilen Hügel
angefahren werden. Gefolgt von kurzem Rückwärts-Parkieren in
eine sehr grosse Parklücke.
Keine Fragen oder Geplauder während des Fahrens. Nur: Gerade-
aus, Rechts, Links.
Doch plötzlich wie aus dem Nichts kommt der brüske Befehl: Stopp.
Mit den hydraulischen Bremsen sind sie beide fast durch die
Windschutzscheibe geflogen.
Dann noch die unübersehbaren kritischen Blicke des Prüfungsexper-
ten: Auf die Hände am Lenkrad, auf das Manipulieren des
Richtungs-Anzeiger, auf die Bewegung des Kopfes vor einer

Kreuzung. Deren es ja nicht viele gibt und auch keine kreuzende
Fahrzeuge zu erwarten sind. Doch der explizite Blick nach links und
rechts muss schon geprüft werden. Auch die Vorschrift der
Bremsbereitschaft mit dem rechten Fuss wird genau beobachtet.
Das Anziehen der Handbremse auch. Trotzdem er diese dann nie
gebraucht hat. Es ist im mittleren Westen fast überall eben. Das
Einlegen des Ganghebels auf 'P' genügt vollkommen.
Der Mann mit ihm ist äusserst freundlich: "Ah, from Switzerland? Do
You Ski?". Nein, tut er nicht. Und er repariere auch keine Uhren. Und
jodle auch nicht...
Der Experte lacht und sagt fast so etwas wie anerkennend: "You
passed".

Seit langem wieder einmal ein Erfolgserlebnis. Und ein äusserst
beruhigendes gutes Gewissen!
Der Fahrausweis, ein kleines graues Kärtchen mit dem vorher gratis
geknipsten Foto machte ihn schon fast etwas stolz. Und ist dringend
nötig, denn ohne die 'Drivers License' geht in den USA überhaupt
nichts...

Die Schulung geht weiter. Das nächste sind die Magnetbandstatio-
nen. Für die CDC 6600 sind es zwei verschieden Modelle: Eine für
die bis anhin üblichen 12.2 mm. (1/2 Inch) breiten Bänder für 6 Bit
Wörter (frames) per halben Millimeter. Die Zweite, die ganz
besondere, für 25.4 Millimeter (1 Inch) breite und 12 Bit-Einheiten
registrierenden Bänder.
Die Geräte haben auf der Vorderseite je zwei, zehn Zentimeter breite
und einen Meter tiefe 'Schächte'. Durch die werden die Bänder durch
Vakuumpumpen eingesogen. Die sehr kurzen Start- und Stoppzeiten
werden dadurch möglich gemacht. Das sehr schnelle brüske
Anhalten der schnell unter den Leseköpfen durchgezogen Bänder
wird so erreicht.
Die breitere der Magnetband-Stationen ist, wie es sich später ganz
klar herausstellte, ein Flop, der sich nicht lange bewährt hat.
Das Problem ist wie folgt:

1. Die benötigten Magnetband-Spulen sind recht schwer.
2. Die vierzehn (12 Data, 2Parizitäts Bits) Lesedioden müssen
äusserst genau ausgerichtet sein. Was zu jener Zeit von der
Mechanik her wahrscheinlich fast nicht möglich war. Um trotzdem
die 14 Bits genau in der richtigen Zusammenstellung zu lesen, gibt
es noch eine Möglichkeit, die durch Anpassung von elektrischen
Widerständen in den Zuleitung-Drähten der Sensoren zu korrigieren.
Er kann davon ein Lied singen. Später, im CERN, war er stunden-
weise, er möchte fast sagen sogar tageweise, gefordert diese
Justierung vorzunehmen.
Dem CERN wurden 8 grosse und 4 der kleineren Magnetbandstatio-
nen verkauft. Eindrücklich war sie schon diese Reihe von imposan-
ten Geräten. Auch wieder später: Die wurden von Besuchern,
besonders von Laien in der Computerbranche, schwer bewundert.
Man konnte bei denen etwas Konkretes bestaunen. Und auch etwas
von ihnen hören.

Das nächste und letzte der peripheren Geräte ist der Plattenspei-
cher.
Seymour Cray sagte ihm einmal: "Das ist unser bestes Stück".. Was
natürlich nicht den Tatsachen entsprach. Das Beste war doch ganz
eindeutig die 'mainframe' der 6600.
Das ist mindestens die Meinung des bescheidenen schweizerischen
'Zauberlehrling'. Zurzeit in Minneapolis.
Das 'Wundergerät' von einem Festplattenspeicher wird von einer
Firma namens Bryant in Detroit hergestellt. Notabene von deutschen
Werkzeugmachern, wie ihm des öfters betont wurde. Höchste
Präzision ist auch äusserst nötig. Die Arme mit den Leseköpfen
werden nämlich hydraulisch mit Öldruck in die richtige Position
gebracht. Auf einen Bruchteil eines Millimeters genau und innerhalb
3 Millisekunden bockstill stehend.
Der Input der Daten wird vom Treiber Programm (driver) sofort nach
dem Positionierung-Befehl eingelesen, ohne den kompletten
Stillstand der Leseköpfe abzuwarten. Sobald dann keine Fehler in
der Parität mehr auftreten wird angenommen, dass die Position

bezogen ist und somit alles in der Butter ist. Jede Millisekunde Zeitgewinn ist höchst willkommen.

Das ganze hydraulische System wiegt, trotz aus Aluminium gefertigt, sicher gegen eine Tonne. Beim Vorgang des Positionierens der Leseköpfe springt, wenn diese von einer extremen Lage 15 Zentimeter in die andere gepresst werden, das ganze 'Ding' merklich in die Höhe. Darum muss es trotz seines Gewichtes solide in den Doppelboden des Computerraumes verankert werden. Das Hinstellen von Kaffeebecher obendrauf ist streng verboten: Ausschüttungsgefahr!

Das Gerät ist eine sehr wuchtige Erscheinung, denn die rotierenden 14 Platten sind so anderthalb Meter im Durchmesser und aus einer Magnesiumlegierung. Etwa ein Zentimeter dick und auf einer gewaltigen Stahlwelle moniert.

Diese Platten waren, wenn das Gerät etliche Jahre später seinen Dienst getan hatte, bei den 'Engineers', wie er, sehr beliebt. Sie dienten als Tischplatten für die dadurch sehr exquisit werdenden Gartentische.

Wenn sie nicht vorher verbrannt werden. Dies wurde von den amerikanischen Atomforschungsinstituten gefordert. Damit ja keine Informationen nach Russland gelangen könnte.

Dies trotzdem die Wartung verlangt, dass einmal pro Woche alle auf der Platte sich befindlichen 'magnetischen' Bits gelöscht werden.

Das passierte mit einer langen Gabel, die während die Platten sich drehten, zwischen denen durchgeschoben wird. Vorne an der Gabel ist ein sehr starker permanenter Magnet angebracht. Das Instrument bekam den Spitznamen: 'Zuckerstange'.

Der sehr teure Plattenspeicher mit dem Namen CDC 6603 kann gerade mal einen Bruchteil der Daten speichern. wie die später auf einer CD für einen Schweizerfranken Platz hat.

Das folgende hat ihm auch etliche Franken gekostet. In Dollars ist es eigentlich noch zahlbar.

Denn eines Morgens im frühen April ist 'sein' Auto nicht mehr dort, wo es sein sollte. Gestohlen? Er gerät in so etwas wie Panik.

Doch auf der linken Strassenseite sind, nicht wie sonst üblich, noch

andere Wagen. Die ganze Seite ist so weit das Auge reicht völlig
leer. Dafür gibt es auf der rechten Seite keinen freien Parkplatz
mehr.
Was ist denn jetzt da los?
Das grosse Fragzeichen in seinem Hirn muss wohl einer der so
seltenen Fussgänger aufgefallen sein. Dieser zeigt jetzt mit der Hand
auf eine am Rande aufgestellte rostige Metalltafel. Das darauf
geschrieben ist nur mit grösster Mühe entzifferbar. Und
erschreckend!
Da steht so etwas wie: Parkieren wegen Schneeräumen an
ungeraden Werktagen verboten.
Und heute ist es ein solcher!
Wenn auch schon lange kein Weiss mehr gefallen war. Der ist für
Städte in der geografischen Lage wie Minneapolis um diese
Jahreszeit doch eher selten. Zum Glück erinnert er sich von einem
seiner wenigen Spaziergängen her wo sich die nächste Polizeista-
tion zu suchen ist. Schnellstens dorthin. Die ist zu Fuss so in einer
halben Stunde erreichbar. Wenn kein Glatteis herrscht.
Und einen Fahrausweis hat er ja!
Der Wagen ist dort: Riesenerleichterung. Die Auslöseprozedur und
die zu bezahlende Strafe den gegebenen Umständen entsprechend
moderat und wird freudig erleichternd bar bezahlt.
Der diensttuende Beamte ist sehr freundlich. Er scheint fast so etwas
wie Mitleid zu haben mit dem kleinen Schweizer. Er fragt schelmisch:
"Habt ihr in der Schweiz keinen Schnee? Oder keine Räumungsfahr-
zeuge?"

Die nächste Etappe der Schulung findet jetzt in Arden Hills statt. Das
ist ein anderer Vorort östlich von Minneapolis auf der gegenüberlie-
genden Seite der Stadt.
Ein immenses ebenerdiges flaches Gebäude ohne Fenster. Innen
spartanisch karg eingerichtet. Die Zwischenwände zwischen den
kleinen Büros sind aus Sperrholz. In der Mitte der Raum für die
Verpflegung. Bestückt mit Verkaufsautomaten, eine heisse schwarze
Flüssigkeit ausspeiende Kaffeemaschine und billige nicht sehr

sauber Mikrowellenherde.

Der Schulungsraum ist etwas grösser. Mit Hockern ohne Lehne. Die
sind auch nicht so nötig. denn meistens wird bei den sehr heftigen
und sehr vielen Diskussionen gestanden. Und wild mit den Händen
gestikuliert und geschrien. Es sind nur Amerikaner aus verschiedenen Staaten mit ihm: von New York, Oklahoma, Texas und Arizona
bis Kalifornien.

Sehr oft sind die Unterlagen, meistens nur Skizzen, nicht sehr klar
oder auf alle Fälle nicht eindeutig nachvollziehbar. Der Instrukteur ist
auch sehr neu in diesem komplexen Supercomputer-Business und
seiner Sache überhaupt nicht sicher. Es gibt lange Pausen. Das
Telefon ins Labor im Westen von Wisconsin läuft dauernd heiss.
Dort wird nämlich die Maschine entwickelt oder besser: 'zusam-
mengebastelt'.

Doch deren modernste Architektur ist ausser Frage gestellt. Für den
zentralen Prozessor (CPU) besteht die aus folgenden Komponenten:
- Acht 60 Bit 'X' Register. Die enthalten die Operanden in der Form
von Ganzzahlen mit 20 Oktalen Digits. Das erste Bit bestimmt, ob
die Zahl positiv oder negativ ist. Oder mit Gleitkommawerten. Bei
denen bestimmt auch das erste Bit, ob die ganze Zahl positiv oder
negativ. Das zweite Bit gibt an, ob der Effizient positiv oder negativ.
Der Effizient ist 10 Bit, der Koeffizient 48 Bit lang.
- Acht 18 Bit 'B Register. Die werden meistens für Indizes in
Tabellen gebraucht. B1 musste immer den Wert 'Eins' enthalten. Es
wird wegen dieses Wertes von allen CPU Programme gebraucht.
Zum Beispiel: Die Instruktion 'set CPU Register X1 egal B1' ist
schneller und kürzer als 'set X1 zu 000000000000000000001'
- Acht 18 Bit 'A' Register. Die enthalten die Hauptspeicheradressen.
Mit denen werden die in den 128 Kilobyte grossen Speicher (central
memory) gespeicherten Instruktionen der Programme des Betriebs-
Systems (operating system) und den Benützer-Programmen
adressiert.
- Den eigentlichen 'rechnenden' Funktionseinheiten:
Addieren und Subtrahieren, Multiplizieren, Dividieren und das

Verschieben der Bits innerhalb eines Registers (shift). Für jede diesen Aufgegraben gibt es also eine eigene dafür spezialisierte Hardware.

Das erlaubt, dass die Operationen parallel ablaufen können. Wenn zum Beispiel eine Multiplikation gestartet wird muss deren Ende nicht abgewartet werden, um eine neue andere Operation zu initialisieren. Zum Beispiel eben eine Addition, Subtraktion, Division oder eben auch das Verschieben der Bits innerhalb eines Registers.

Dann gibt es noch die sogenannten peripheren Prozessoren (PPUs). Das sind Einheiten mit je einem 4096 grossen 12 Bit Wort Speicher und mit einem auf die Steuerung der peripheren Geräte zugeschnitten Befehlssatz: 64 12 Bit lange Instruktionen. Die werden meistens für die Treiberprogramme der peripheren Geräte eingesetzt.
Diese 'rechenden' Hardware-Komponenten für das Verarbeiten des programmierten Codes für alle zehn PPs sind nur einmal vorhanden. Sie dient allen zehn kleinen Prozessoren. Die einer nach der anderen dieselbe Hardware braucht. Denn die sind in einem Kreis, dem sogenannten 'Fass' (barrel), angeordnet. Jeder von ihnen bekommt 100 Nanosekunden Zeit des 'eigentlichen' Prozessors zugeordnet. Das 'Fass' dreht in einer Mikrosekunde einmal. In den 900 Nanosekunden geschieht der Zugriff zu den jeweiligen Speichern.

Verstanden? Understood? Compris? Capito? Förtstandet?

Eine ganz raffinierte Instruktion im Befehlssatz der PPUs ist der sogenannt 'Exchange Jump' (oktal code 260x). Die löst im zentralen Prozessor die Wechsel zwischen Programmen aus. Alle oben beschriebenen Register plus eine für jedes Programm eigene Referenzadresse, derzeitige Position innerhalb des Programms ('P' Adresse) und andere für jedes Programm eigene spezifischen Informationen werden auf eine 'Schlag' umgetauscht. Dadurch wird das 'Multiprogramming' am einfachsten möglich.
Jetzt zur eigentlichen physikalischen Beschreibung der 'berührbaren'

Hardware.

Die Speicher sind Kernspeicher. Winzige Magnetringe enthalten Magnetmengen: Für die Null eine kleine, für die Eins einen grössere. Durch die hauchdünnen Ringe sind drei feine Drähte gezogen. Zwei, einer quer, einer längs, für die Adressierung. Einer diagonal zum 'Entmagnetisieren' und das Herauslesen der gespeicherten Bits. Eben: Entweder eine 'Eins' oder eine Null'.

Die Fertigung solcher Speicher ist eine delikate und äusserste Präzision verlandende Angelegenheit. Eine für die PPs eingesetzten Kistchen von so 20x25 Zentimeter kostet so gegen 8000.- Franken. Zum Vergleich: Ein neuer Volkswagen-Käfer hatte zu jener Zeit etwa denselben Preis...

Die 6600 kennt die Prüfung der Fehlerlosigkeit der Speicherinhalte mittels eines Kontrollbits (parity bit) nicht.

Zitat Seymour Cray: Wenn eine Paritätskontrolle nötig ist, dann taugen die Kernspeicher nichts.

Was nicht von allen goutiert wurde. Darum verlangte das LRI (Lawrences Radiation Lab) eine spezielle Instruktion im zentralen Prozessor. Der sogenannte 'Bevölkerungszähler' (pop counter), der die Bits in den X Register zählt. Damit später überprüft werden kann, ob alles noch wie gehabt darin ist.

Die ganze 6600 hat so an die gegen die halbe Million konkrete Transistoren von 8x4x3 Millimeter Grösse. Mit einer unbedingt einzuhaltenden Schaltzeit (switching time) von 4 bis 5 Nano- sekunden. Die sind bis zu 64 Stück montiert in den sogenannten Modulen. In einer Art Sandwich System zwischen zwei gedruckten Leiterplatten. Ein Modul hat die Grösse von 64x25 Millimeter. Vorne ist die Deckplatte mit fünf Testpunkten zum Einschrauben der Kabel des Kathodenstrahl-Oszillografen, der für die Herstellung und Wartung des Computers von höchster Wichtigkeit ist.

Hinten befinden sind 64 vergoldete kleine Stifte von 5 Millimeter Länge. Die in die vorne am Rahmen eingebohrten Löcher in wiederum vergoltene Hülsen gestülpt werden. Auf deren Rückseite

werden die zweiadrigen Drähte (twisted pairs), die die Module
untereinander verbindenden gesteckt.
Es gibt x verschiedene Variationen von Modulen. Je nach der
auszuführenden Funktion. Die ganz Maschine zählt deren etwa
5000. Die Module werden mit zwei Schrauben oben und unten in
den Rahmen eingeschraubt. 30 Stück in einen Rahmen.
Durch diese fliesst während des Betriebes dauernd flüssiges Freon
zur Abführung der durch die Transistoren erzeugten Wärme. 20
solcher Rahmen befinden sich wiederum in grossen Kästen, die wie
Türen geöffnet werden: den sogenannten Chassis. Je vier von
solchen befinden sich in einem der vier riesigen Schränke. Die sind
in einem rechtwinkligen Kreuz angeordnet. Um den Abstand
zwischen den Modulen möglichst klein zuhalten.
Der elektrische Strom braucht in einem Draht für 15 Zentimeter so
etwa eine Nanosekunde. Eine für die Maschine kritische Zeit, wie er
später recht bitter erfahren musste.
Alles an der 6600 ist extrem und äusserst knapp berechnet.
An den äusseren Enden der sehr schweren Metallschränke sind die
Kälte produzierenden Apparaturen, die Pumpen und die Komponenten für die Stromversorgung installiert.

Die 'Logik', d.h. die elektronischen Abläufe geschehen, wie auch in
den neusten Mikroprozessoren heute, mit Transistoren für:
- Verteilungen und Vervielfachen von Signalen. Zum Beispiel der
Taktimpulse (glock) der an jedes der Module gesendet wird.
- Logische 'und', 'oder', 'nicht-und' und 'nicht-oder' (and, or, nand,
nor) Funktionen.
- Bi-stabile Transistoren Arrays, den temporären 1 Bit Speichern.
Auch bezeichnenderweise und folgerichtig 'Flip-Flop' genannt.

Minneapolis ist jetzt für ihn 'gelaufen'. Mindestens vorläufig. Später
wird es dann wieder sehr aktuell. Dann ist er aber schon ein 'Softie'.
D.h. ein Software-Spezialist.
Seymour Cray war ja zuerst auch Programmierer
Zitat Seymour Cray: Ich mache nichts in Hardware, was man mit

Software machen kann.

Ist eher untypisch für Spezies wie es die 'softies' sind. Eines seiner quer gedachten 'Statements'.
Die Chance ihn kennenzulernen wird jetzt konkret. Denn jetzt wird er nach Chippewa Falls, Wisconsin versetzt. In die Fabrik oder besser das Labor, wo die 6600 gebaut wird. Zu der Zeit eher noch: In der Entwicklung sich befand. Denn es braucht noch Jahre bis der Supercomputer mehr oder weniger fehlerfrei funktionierte. Im speziellen die Software dazu.
Was ist 'Software'?
Er hatte es später für die Kollegen im Schweizer Militärdienst, Laien in diesem Business, folgendermassen erklärt:
Software ist das, was nie läuft, niemand richtig versteht und ein Haufen kostet.
Zudem ist es Südfrüchte Produkt: Es reift beim Kunden.

Das Labor liegt neben dem Geburtshaus von Cray. Idyllisch gelegen an dem Ufer eines malerischen Flüsschens. Einer im bald kommenden Herbst farbenfroher und immer intensiver bunter werdenden Umgebung.
Jetzt ist Seymour und sein Crew daran, die Maschine mit der Seriennummer 3 fertig zu stellen. Die ist vom CERN bestellt und muss im Januar nächstes Jahr (1965) geliefert werden.
Der dann unter anderen dafür verantwortlich werdende 'Engineer', nämlich er, kann sich also ganz von Anfang mit den Tücken derer auseinandersetzten. Und deren gibt es auch mehr als genug.
Es ist schon imposant das 'Monster' jetzt in Natura zu sehen. Fast schon etwas wie Angst machend.
Doch mutig stürzt er sich in die Abenteurer. Hier ist es ihm, als geübter Praktiker, viel wohler als bei der trockenen, oft noch recht konfusen und für ihn noch schleierhafteren Theorie.
Manches ist sehr neu oder doch ganz anders als er sich vorgestellt hatte.
Am besten er beginnt mit dem Anfang: Wie wird die ganze

Komplexität gestartet?

Und das ist aber überraschend einfach und nun wirklich nachvollziehbar logisch.

An einer Wand ausserhalb eines der Schränke gibt es eine Matrix
von Kippschalter von 12x12 Stück. Entsprechend den zwölf Bit einer
PPU Instruktion.

Damit wird das Startprogramm durch die Position der Schalter
eingegeben, also 'programmiert'. Die möglichen Varianten dieses
Ablaufes sind also sehr beschränkt. Doch es genügt, um damit einen
Kartenleser zu steuern und eine Lochkarte einzulesen. Die Karte hat
das nächste Programm eingelocht, das dann das Einlesen des
Operationssystems von einem Magnetband vornimmt.

Die immer in Blau gehaltene Karte enthält die weiteren Instruktionen
im binären Format. Was sehr viele Löcher beansprucht und die Karte
damit sehr verletzlich wird. Darum muss jederzeit eine Kopie greifbar
sein.

Er lehrt bald den Code auf der Karte ohne mechanische oder
elektronische Hilfe nur mit den Augen zu lesen. Im Notfall war es
auch möglich Korrekturen anzubringen in dem ein oder mehrere
Löcher mit winzig kleinen Papierfetzchen überklebt oder zusätzlich
Löcher mit einem Handlocher einfügt werden.

Die Maschine kann als nur zum Laufen gebracht werden, wenn der
Kartenleser und minderst eine der angeschlossenen Bandstationen
richtig funktionieren.

Unter den Kippschalter-Array gibt es noch einen ganz speziellen
Schalter. Der Wichtigste der ganzen Maschine: Dem 'master clear'
oder 'death start' Switch. Durch dessen Aktivierung wird die ganz
6600 initialisiert. Das heisst alle bistabile Elemente werden auf 'Null'
gesetzt und das mit den mechanischen Schaltern vorgegeben kleine
Startprogramm ausgelöst.

Wenn das Band mit dem Operationssystem gelesen ist, was Minuten
dauern konnte, ist die Maschine 'geladen'.

Zuerst werden über die Bedienungskonsole die zum weiteren Verlauf
des Startens und Konfigurieren des OS benötigen Fragen angezeigt
und über eine Tastatur beantwortet. Alle weitere Befehle und

Eingaben des Operateurs zu der 'Bedienung' geschieht von jetzt an
über diese Konsole.
Die ist auch das Modernste vom Modernen. Bis anhin waren die
Bedienungsgeräte lange flache Kästen wie grosse Tische. Bestückt
mit Drucktasten oder mechanischen Schaltern. Die Anzeigen
erfolgten über kleine Lämpchen.
Die CDC6600 hat als erste Maschine Kathodenstrahlröhren für die
Anzeige: Zwei 70 Zentimeter lange Glasröhren. Die haben vorne ein
rundes, grün fluoreszierendes, relativ flaches Fenster von 20
Zentimeter Durchmesser. Auf denen erscheinen die Zahlen und
Buchstaben. Die werden mit einer Spannung von 15000 Volt dorthin
'gejagt'.
Das Gerät wird, nicht nur von ihm, immer schwer bestaunt.
Von weiter vorne sieht es aus wie der sehr kleiner Kopf eines
Ungeheuers mit riesigen Augen. Kommt der Name '6600' von diesen
her? Die sehen doch aus wie zwei Nullen! Seine Assoziationen
brennen wieder einmal durch...
Seymour Cray hat sich dem Marketing Manager untergeordnet und
die 6600 nicht mehr nach der Gebäude Nummer seines Labors
benannt wie die 1604. Ein sehr passender und 'futuristischer' Name
für seine Meisterleistung... Die wurde erst so um 1966 richtig
anerkannt.

Nach einer Woche des mit der 'Materie' familiär werdend, wird er in
den heissen Topf der Knochenarbeit geworfen. Seine Aufgabe ist
jetzt bei der Verdrahtungen zwischen den Chassis behilflich zu sein.
Die erste eigentlich nützliche Handlung ist die Abstimmung der
Drahtlängen zwischen den Modulen. Dann müssen die Drähte auch
noch mit einem ganz speziellen Werkzeug in den Rahmen
eingesteckt werden.
Warum das 'Abstimmen' der Verbindungen? Kann nicht ganz einfach
der kürzest möglich Draht verwendet werden?
Mitnichten! Denn es gibt Kurzzeitregister mit der Länge von 120 Bits.
Zum Beispiel zum Zwischenspeichern von Doppel-Präzision
Gleitkomma Operanden. Dazu werden an die dreissig Module

gebraucht. Die werden alle gleichzeitig vom Impulsgeber angesteu-
ert. Darum muss die Drahtlänge zwischen diesen und den Modulen
dieselbe sein. Was die 'Matratze' der Drähte hinter dem Chassis
enorm verdickt.
Die Kontrolle geschieht durch das Beobachten der ankommenden
Pulse mittels eines Kathodenstrahloszillografen, der gleichzeitig vier
verschiedene Signale aufzeichnet. Ein sehr teures Gerät. Darum im
Labor nur einmal vorhanden.
Nicht nur darum muss in Chippewa Falls in vier Schichten rund um
die Uhr gearbeitet werden. Die Maschine muss so schnell als
möglich fertig gebaut sein. Zudem wird sie auch von den Entwicklern
des Betriebssystems und für die Ausbildung des Wartungspersonals
gebraucht. Beliebt ist für ihn ist die Abendschicht: von 1400h. bis
2200h. Die darauf folgende Nachtschicht, im dort unter den
Fachleuten gängigen Jargon 'grave yard shift' genannt, wird von
niemandem begehrt. Auch die erste, die um 0600 beginnt, ist gar
nicht nach seinem 'Gusto'.
Er ist ja ein typischer Abendmensch und Morgenmuffel. Auch kann
er sich nach der Nachmittagsschicht, wenn er sich beeilt, im kleinen
nahen Städtchen noch an der Bar ein Bier genehmigen. Meistens in
einer recht feucht-fröhlicher Umgebung. Die Bar ist kombiniert mit
dem 'Coffee Shop' in deren Seymour sich in der Mittagspause oft
einen Kaffee erlaubte. Ganz untypisch Millionär: Im bunten
Bauernhemd und offenen schwarzen Gummistiefeln plaudert er mit
lokalen Farmern.
Seymour ist ihm sichtlich angetan, denn oft spricht er mit ihm auf
dem Platz vor dem Lab in der jetzt im Herbst herrlich malerischen
Umgebung im Westen Wisconsins bei strahlenden und jetzt noch
warmen Sonnenschein.

Doch, wieder an die Arbeit. Es ist noch sehr viel als nur einiges zu
tun. Es schleicht sich ein für alle, zuerst auch für Seymour,
unerklärbare Fehler ein. Er selber kann da überhaupt (noch) nicht
mitreden und nur gespannt zuhören.
Nach Wochen wird das perfide Problem gefunden. Die Schaltzeit der

eingesetzten Transistoren muss nach der Spezifikation zwischen vier und fünf Nanosekunden liegen. Nun gab es zwei verschiedene Lieferung von denen. Die ersten hatten eine 'switching time' von knapp unterhalb der oberen Toleranzgrenze, die zweite Lieferung eine, die knapp über dem unteren Richtwert liegt. Aber alle innerhalb der verlangten Zeiten.
Wo ist also da das Problem?
Im Nachhinein ganz einfach: Wenn 20 Schalteinheiten mit der längeren Schaltzeit als die mit der kleineren in Serie geschaltet sind, entsteht für die gesamte Sequenz eine Diskrepanz von 5 Nanosekunden. Das kann verursachen, dass sich die die Signale bei den Zielmodulen 'verpassen'.

Um diesem fatalen 'Tatsache' Herr zu werden wurde folgendes Mittel eingesetzt: Man verzögert die Geschwindigkeit der elektrischen Impulse kürzlich umso ungefähr 0.5 Nanosekunden. Dies geschieht mittels eines witzigen kleines Käppchen aus Silber, das auf die Testpunkte der Module aufgeschraubt wird, während dem ein dazu bestimmtes Textprogramm abläuft. Wenn dieses 'aussteigt' liegt ein Problem vor.
Ein weiteres 'Mysterium' ist die Generierung der Taktgeberimpulse. Die 6600 hat keinen der üblicherweise dafür verwendeten Kristalle, die in absolut genauer Frequenz schwingen. Mit einigen Transistoren die über verschieden lange Drähte miteinander verbunden sind, wird die Zeitgeber-Zeit (glock time) von 1 Mikrosekunde eingestellt. Wie das im Detail genau funktioniert hat ihm niemand erklären können. Und war auch für die meisten der 'Spezialisten' rätselhaft.
Ein weiterer sehr kritischer Maschinenteil ist die sogenannte 'Anzeigetafel' (Scoreboard) die das durch die parallele Verarbeitung der Rechenoperationen benötigte Synchronisierung der angesteuerten Ziel-Register bewerkstelligt. Der Name kommt von dem im amerikanischen Baseball üblichen und benötigen 'Anzeigekasten'.
Das Austesten dieser Schaltung ist beinahe eine Sache der Unmöglichkeit.
Dazu wurde ein dafür ausgelegtes raffiniertes Testprogramm erstellt:

das CT3. Der Central Prozessor Test Nr. 3.
Ein Zufallsgenerator (random number generator) generiert eine
Folge von Rechenoperations-Instruktionen. Die werden zuerst ganz
normal in der dazu gefertigten Hardware ausgeführt. Dann werden
dieselben Operationen von anderen Funktionseinheiten und /oder
auch in den PPUs wiederholt, also so zu sagen simuliert und dann
die Resultate verglichen. Stimmen die überein ist alles in der Butter.
Wenn nicht, dann geht der Teufel der Fehlersuche los. Das ist noch
gar nichts für ihn. Nur ganz gewiefte Ingenieure können da
mitmischen.
Das CT3 wird noch jahrelang eingesetzt. Auch beim Kunden. Die
Anzahl der Durchgänge, das heisst der immer wieder verschiedenen
Sequenzen der Operation, wird exakt notiert und die dann an die
anderen Standorte mit einer 6600 übermittelt. Die weltweit verteilten
Installationen machen sich eine Ehre daraus, welche Maschine am
meisten fehlerfreie Zyklen über die Bühne bringt.
Am Anfang waren die Interwalle zwischen Fehler noch angsteinflös-
send klein.
Eine These von ihm: Würde die 6600 heute noch gebraucht, dann
würden wahrscheinlich nach Millionen von Sequenzen nach Jahren
möglicherweise immer noch ein Fehler auftreten.

Die 'Stimmung', der Teamgeist und die gegenseitige Respektierung
allen im Lab engagierten Mitarbeiter, fast nur männlichem
Geschlechtes, ist ausgezeichnet. Sehr, sehr selten ein lautes Wort
oder gar eine hitzige Diskussion.
Nur einmal hat er Seymour wütend gesehen. Ein Marketing Manager
aus dem Hauptquartier wollte ihn dazu bringen für die Programmiersprache Cobol (Common Business Oriented Language) einen
'Compiler' zu kreieren.
Dazu ist doch die Architektur der 6600 völlig ungeeignet. Die wurde
geschaffen, um die weltweit schnellste wissenschaftliche Maschine
zu sein.
 Der 'Marketing-Fritze' wurde dann auch prompt von Seymour aus
dem Lab geworfen.

Doch einmal war das Genie auch sehr zufrieden: Es wurde eine
weiteres seiner Schöpfung verkauft.
Er ordnete an, den gesamten in Chippewa Falls aufzutreibenden
echten französischen Champagner aufzukaufen.
Es ergab gerade einmal deren drei Flaschen!
Einmal organisierte er ein Treffen der ausländischen 'Trainees' mit
den Mitgliedern des lokalen Rotary Clubs, wo er auch aktiv war. Sie
sind zu dritt: ein Kollege aus Deutschland und er und ein
Kältemaschinen-Spezialist aus Genf. Denn einen solchen brauchte
es für die Wartung der 6600 unbedingt auch.
Sie werden im einzigen Hotel des Ortes zum Nachtessen eingeladen
und nachher vom Herausgeber des lokalen Blättchens interviewt und
mit einem Gruppenfoto unter dem Titel: 'CDC trainiert Ingenieure aus
Europa in Chippewa Falls' den lokalen Lesern publik gemacht.
Er kann sich jetzt schon recht gut im amerikanischen Englisch
ausdrücken. Was mit so etwas wie Bewunderung von den
Dorfbewohnern registriert wird.
Er ist jetzt auch schon in der Bar des Dorf-Cafés sehr beliebt. Die
Gäste sind sehr neugierig und wollen sehr viel von ihm wissen. Und
zahlten ihm ein Glas Bier, um ihn sprechen zu hören. Ein fremder
Akzent in der Aussprache hat hier einen äussersten Seltenheitswert.
An der Wand der Bar sind auf bester Sichthöhe zwei mit einem roten
Farbstift grossen handgeschriebenen Buchstaben Plakate
aufgeklebt.
1. Wir haben ein Agreement mit der Bank: Die Bank verkauft kein
Bier und wir geben keinen Kredit (We have an agreement with the
bank. They do not sell beer and we do not give credits).
2. Wir glauben an Gott. Alle anderen zahlen bar (In God we trust. All
others pay cash...).

Im selben Bau daneben und ebenso schütteren baufälligen
'Schuppen', genannt 'Steak-House', wird bald einmal das übliche
Weihnachtsessen zu einem sehr guten Preis offeriert: 3 Dollars. Es
gibt: Langusten und Steaks a go-go. Der Preis war damals, trotzdem
der Dollar 4.30 Franken kostet, für ihn doch sehr günstig. Ein

Hamburger an den sehr kleinen Stand aus Sperrholz in der Form
eines Schlösschens der Kette 'White Castel' in 'downtown'
Minneapolis kostet gerade mal 10 Cent! Ein Gallone 'Sprit' ist dank
dem Preiskrieg der Tankstellen für 18 Cent zu haben. Wenn man
zweimal volltankte, gab es einen 'car wash' gratis dazu. Der soeben
erschienene rassige und sehr schöne Ford Mustang hat den
'bescheidenen' Preis von 2450 Dollars.

Da ist der Becher Bier bei 'Leinis' mit 25 Cent schon fast überteuert.
Das ist oder war eine Art Gartenrestaurant etwas ausserhalb des
Städtchens. Der Name kommt von seinem Besitzer, einem
eingewanderten Bayern namens Leinenkugel. Er brachte auch seine
Bierbraukunst mit sich und braute das Leinenkugel-Bier. Eine lokale
Spezialität gebraut nach dem deutschen Reinheitsgesetz. Wie er
immer und immer wieder betonte.
Im Freien oder allgemein zugänglichen öffentlichen Gärten durfte in
den USA kein Alkohol ausgeschenkt werden. War (oder ist es
noch?) eisernes Bundesgesetz.
Schade! Denn das Restaurant ist sehr schön gelegen an einem der
vielen Seen. Es ist der Treffpunkt der jungen Leute wie er. Es kamen
aber auch solche aus dem nahen Nachbarstaat. Denn im Staat
Wisconsin war Bierkonsum, in Gegensatz zu Minnesota, schon ab
18 Jahren erlaubt. Die Kneipen nahe der Staatengrenze bedanken
sich. Er wohnt zusammen mit eben dem deutschen Kollegen in einer
Art WG in Eau Claire. Das ist ein grösserer Ort, so etwa 20 km.
Südwestlich von Chippewa Fall. An dem Highway zwischen
Minneapolis/St. Paul und Chicago.
Dorthin muss er auch bald einmal hin. Um sich beim schweizeri-
schen Konsulat in der 'Windy City' zu melden. Von wegen
Militärdienst oder besser Wehrpflichtersatz.
Also fährt er dorthin. Er wollte sowieso die Stadt von Al Capone
einmal besuchen. Er findet den Wolkenkratzer mit dem unten am
Eingang gross sichtbar gemachten Schweizerkreuz.
Oben in einem der Schweiz angepassten vornehmen Büro sitzt eine
Dame. Er möchte fast sagen: Eine Lieschen.

In Volkstracht, strickend, und im breitesten Berner Dialekt
sprechend: Grües äch. "Was weiter hie?"
Auf die Frage seines Wohnsitzes reagierte sie äusserst sauer. Denn
er sagte ihr wahrheitsgetreu: "Postlagern 1256, Eau Claire,
Wisconsin".
Sie polterte: "Ein Schweizer wohnt doch nicht postlagernd wie sie. Er
hat aber keine eigene 'Mailbox'!"
Und es ist ja (fast leider...) nicht für immer hier. Denn nächstes Jahr
wird er wieder brav bürgerlich seinen WK leisten.

In Eau Claire wohnte er in einem billigen, wiederum provisorisch
wirkenden, leicht brüchigen älteren ebenerdigen Bretterhäuschen.
Mit einer immer mürrischen und immer hässlichen 'Schlummermut-
ter' und Besitzerin.
Wenigstens ist die Klause immer sehr gut geheizt oder besser
überheizt. Das ist auch nicht schlecht, denn ab Anfangs Dezember
kann es hier bitterkalt werden.
Es wird so eisig, dass sein Kollege jeweils am Abend die Batterie
seines wackeligen Volkswagens losschraubt, um die unter seinem
Bett warm zu behalten.
Auch in Eau Claire waren, trotz dessen französischen Namens, die
Ausländer äusserst selten.
Darum wird er vom Bürgermeister einmal zum Essen eingeladen. Er
sei der erste wirklich in Europa geboren Einwohner seiner Stadt...

Ein zweiter Weihnachtstag gibt es in den USA nicht. Also wird da
gearbeitet. Bald zum letzten Mal. Denn noch vor Ende 1964 fliegt er
zurück. Zuerst nach Zürich.
Er hat ein ganz 'geballtes' Jahr hinter sich:
- Englisch gelernt
- Computer gelehrt.
- Autofahren gelernt.

Fast so etwas wie wehmütig kommt jetzt der Abschied von den
Stätten des Starts seiner (fast zu sagen: steiler...) beruflichen

Laufbahn. Die wurde später dann fast so etwas wie eine 'Kariere'. Und hat ihn bis heute, lange nach der Pensionierung, sehr deutlich geprägt. Mit den Computern ein unzertrennlich per 'Du'

..

6. Mit der CDC 6600 Serial Nr. 3 im CERN.

Seine amerikanischen Teamkollegen stritten sich um einen Posten im CERN. Ein solcher war auf jeden Fall attraktiveren als das LRL in Arizona oder in der New York University. Oder irgendwo in einem geheimen Militärstützpunkt zwischen ississippi und den Rocky Mountains.

Kurz nach der Lieferung der Maschine beginnt er seine langjährig werdende Tätigkeit im CERN.
Die Maschine wurde von den Spezialisten aus Chippewa Falls installiert. Er war nur Zuschauer und wurde für Handlangerarbeit gebraucht. Zum Beispiel Kaffee zu besorgen. Den manche gleich wieder ausspuckten, so ungewohnt aromatisch und auch wirklich nach Kaffee schmeckend der für die war.

Ganz neu und unerhört imposant war die Stromversorgung der CDC 6600. Die CDC 6000 Serie Computer werden zuerst gespeist mit 60 und 400 Hertz Wechselstrom. Die in Europa übliche 50 Herzt Frequenz aufweisende Spannung muss also umgewandelt werden. Auch für die in der Maschine gebrauchten 400 Herzt muss umgeformt werden. Warum 400 Hertz? Ganz einfach: Weil die Umwandlung in Gleichstrom dann besser zu erreichen ist. Die Gleichrichtung wird in den Maschinen der 6000 Serie selber vollzogen.
In einer Art Maschinenhalle, die extra dafür gebaut wurde, sind je zwei riesige Umformer installiert. Warum je zwei? Nicht wegen deren Leistung, sondern wegen dem höchst unwahrscheinlich eintreffenden Ausfallen eines der Aggregate. Zusätzliche technische Ressourcen als Reserve müssen sein.
Der ganze Raum sieht sich an wie die Generatorhalle eines kleinen Wasserkraftwerkes. Riesige Elektromotoren sind mechanisch gekoppelt mit einem ebenso riesigen Generator. Das Ganze erzeugt einen lauten, so etwa 90 Dezibel starken Lärm. Der ist so gross,

dass der im Sommer bei Westwind jeweils durch die dann ins Freie
offenen Türen bis ins nahe 'Dorf' Meyrin, in 5 Kilometer Entfernung
noch zu hören ist. Und dementsprechend auch für die zu erwarteten
Beschwerden sorgten.
Die meisten der Wartungstechniker (maintenance engineers)
wohnten dort.
War gut so. Denn bei den beängstigenden und leider zu oft
vorkommenden Pannen konnte der diensttuende Mann sofort Hilfe
von anderen anfordern. Das Team funktionierte ausgezeichnet. Es
konnte vorkommen, dass sich alle an einer und derselben Party
befinden. Ein Telefonanruf genügte und die ganze Personalbestand
der CDC in Genf, inklusive Verkäufer und Software-Leuten, waren
blitzartig einsatzbereit zur Stelle.
Nicht nur bei Pannen sind 'Alle Mann an Deck'.
Auch bei solchen mühsamen Arbeiten: Eine gewaltige 'Übung' kam
bald einmal auf sie zu: Alle Drähte zwischen den Chassis in einem
Schrank in die anderen mussten in einer Nacht-und-Nebel-Aktion an
einem Wochenende ausgewechselt werden. So an die 2000 Stück.
Der Grund: Es wurde erst spät herausgefunden, dass die kleinen,
dazu nötigen Zwischenstecker, nicht sorgfältig genug verzinnt
worden waren und dadurch das Material korrodierte und bei den
durchströmenden Impulsen Nanosekunden-Bruchteile verloren
gingen.
Sie mussten durch solche, die mit einem Nanometer Gold überzogen
sind, ersetzt werden.
Gerade einmal zwei Verbindungen wurden fehlerhaft gesteckt: Eine
Meisterleistung aller Beteiligten.

Es gibt auch noch andere und zuerst auch nicht nachvollziehbare
Fehler des Systems. Sehr zum Unmut des Kunden. Da gabt es noch
einen kleinen zappeligen und immer nervösen Holländer. Ein
Zahlengenie. Der konnte, unter anderen, den Fahrplan der SBB
auswendig zitieren. Der sagt ihm einmal: "Die 6600 ist super, wenn
sie wieder einmal funktioniert". Und dann war auch noch die
Computerhexe: ein kleine. nicht she weibliches, Weibchen.

Engländerin. Sehr, sehr begabt, eine geniale Programmiererin. Die
konnte sehr wütend werden und schrie dann so laut, dass es sogar
den Lärm der Generatoren übertraf. Und dann rauschte sie, genau
wie eine Hexe, nur ohne Besen, dafür mit einem riesigen Stapel
Papier unter dem Arm, laut fluchend hinaus.
Und dann gab es noch den typischen englisch oder besser
schottischen Gentleman: ein Mac... Ein Doktor der Mathematik und
der Chef der derzeitigen Informatik im CERN. Diesen Begriff
'Informatik' gab es damals bekanntlich noch gar nicht. Der war aber
gar nicht so sauer über die derzeitige Unzuverlässigkeit seiner auch
von ihm mitbestimmten risikoreichen Anschaffung.
Die immerhin im CERN den damaligen Weltrekord des Ausrechnens
der Kreiszahl 'Pi' auf 50000 Stellen genau aufgestellt hatte.

Die Zuverlässigkeit der 6600 muss unbedingt besser werden. Er und
sein Kollegen sind auf das äusserste gefordert. Auch die Behebung
der Pannen muss schneller erfolgen.
Sie hatten dazu doch einige 'Tricks' im Schrank.
Zum Beispiel mittels eines Haartrockners. Fehlerverdächtige Reihen
von Modulen werden während des Ablaufen von 2Testprogrammen
erwärmt. Damit könnten allfälligen Schwachstellen frühzeitig
gefunden werden.
Ein anderes, wahrscheinlich im Nachhinein komplett unsinniges
Verfahren, ist dieses: Man lässt das schwere Chassis mit den 400
Modulen in einem Winkel von exakt 30 Grad offen, um es besser zu
Kühlen.
Der teure Wartungsvertrag mit dem CERN verlange eine Präsenz
der Techniker 24 Stunden am Tag. Also auch an Weihnachten und
den Neujahrstagen. Kein Problem für ihn. Zuerst ist er noch
alleinstehend. Und auch sonst nicht ein unbedingt ein Freund von
Festtagen. Bald einmal wurde er zum EIC (Engineer in Charge)
befördert. Was sehr viel zusätzlich Verantwortung und zusätzliche
'Sorgen' für ihn beinhaltete.
Besonders ein Problem bringt ihm schlaflose Nächte und treibt ihn
an den Rande der Verzweiflung. Die Maschine 'stürzte' sehr oft ab.

Das heisst, entweder sind die Bildschirme der Bedienungs-Konsole
plötzlich weiss (blank screen) oder andere für das Funktionieren der
Anlage katastrophale Phänomene treten auf.
In einem solchen Fall ist die Analyse der Inhalte der Kernspeicher
gebraucht. Das ist das Registrieren von allen Daten der bistabilen
Speicherelementen auf ein Magnetband bevor die Maschine neu
gestartet wird: dem 'post mortem memory dump' vor dem kom-
plettem Neustart (cold start).
Die ganze immense Menge von Daten wird dann in oktalen-Zahlen
in einer riesigen Liste von 100 Zeichen pro Linie und 100 Linien pro
Seite auf dem Zeilendrucker ausgedruckt. Die werden jetzt vom
Wartungspersonal oder Systemprogrammierer analysiert, um dem
Fehler auf die Spur zu kommen.
Er hatte schon ganze Bündel von solcher Mengen Papier auf seinem
Pult und die werden auch mühsam durchgeackert.
Zuerst völlig ohne erklärliche Schlüsse daraus ziehen zu können.
Doch eines Tages kam die Erleuchtung: In dem Teil der kleinen
Speicher der PPUs, wo die permanent sein sollenden Programmteile
abgespeichert sind, sich also schon fast so etwas wie in einem
'resident read only memory' befinden, fehlen einzelne Bits.
Also: Die Kernspeicher auswechseln.
Bringt nichts.
Die Module, die die Daten daraus heraus empfangen auswechseln.
Bringt nichts.
Alle die für PPUs zuständige Module der Reihe nach auswechseln.
Also alle sich auf dem Chassis Nummer eins befindlichen. Bring
nichts. Die Komponenten der Stromversorgung aller PPUs
auswechseln.
Bringt nichts.
Er ist einmal mehr der grösste Esel am Berg. Hat sein persönliches
'Waterloo' erreicht.

Doch: "Der Zufall ist in Schleier gehüllte Notwendigkeit" (Zitat Bertha
von Suttner)

Eines Nachts, kurz nach Mitternacht, sitzt er gelangweilt, müde und gedemütigt vor der Konsole. Wie schon hunderte von Stunden zuvor läuft das Wartungsprogramm, das die Speicher der PPUs testet. Bis jetzt hat die keine auch noch so geringe Spur eines Fehlers gezeigt. Unruhig und jetzt schon in fatale Gedankenlosigkeit fallend, rollt und rutscht er auf dem bequemen Sessel vor der Konsole aus Aluminium eintönig langsam etwas hin und her.

Da!!! Ein gewaltiger Funke zischt zwischen der Armlehne des Stuhles und dem Tisch mit der Konsole.

Und das Testprogramm pfeift!

Ein Fehler!!! Ein 'fatal error'. Und zudem derselbe wie schon seit Monaten gesucht. Es fehlen Bits im permanent sein sollenden Teil des Speichesr eines PPU.
Sofort nochmals dasselbe provozieren. Zu seinem für ihn herrliche Wirklichkeit passiert derselbe Fehler wieder.
Grösste Erlösung. Denn bei den Computern, deren Programme, sowie der Informatik im Allgemeinen ist ein Problem gelöst, wenn es reproduziert werden kann. Oder dann ist es 'nur' noch eine Frage der Zeit, bis es so weit ist.
Es ist die statische Elektrizität im Raum. Später Messungen von einem Spezialisten im CERN zeigen Werte von bis zu einer Spannung von 1000 Volt!
Als erste Massnahme wurde ein aus Hanfseilen bestehenden Zaun um den ganzen Computer gezogen. Besucher waren im Raum nicht mehr erlaubt. Dem sehr wenigen Programmiererinnen und weiblichem Bedienungspersonal, die noch Zutritt hatten, wurde angewiesen keine Röcke, keine Jupes und nur noch Unterwäsche aus Baumwolle zu tragen.
Als weiter Massnahme wurde ein 'spezieller' Spezialist aus Minneapolis eingeflogen. Denn das Problem wäre bei einer komplett fehlerfreien Erdung aller Komponenten der Maschine vermeidbar gewesen. Der Ingenieur kam. Als Erstes wollte er eine Reproduktion

des Problems selber sehen.
Sah er.
Dann sagte er: "Das muss ich auch einmal im Labor versuchen".
Doch hatten die dort nur Hocker aus Tannenholz an der Konsole.
Typ war ihm 'eigentlich' recht sympathisch. Er war das erste Mal in
Europa. Darum recht unbeholfen.
Er lud ihn ein, mit ihm ein Fondue zu essen. In seinem Lieblingsres-
taurant für schweizerische Spezialitäten. Im Quartier 'des Paquis' im
Zentrum der Stadt.
Es mundete dem Typ aus Minnesota ausgezeichnet. Mangels
Sprachkenntnissen und Selbstsicherheit ass er dort während seines
Aufenthaltes in Genf während fünf Tagen immer dort. Immer nur
Fondue...

Im CERN gibt es aber auch noch erfreulicheres zu berichten.
Zum Beispiel: das Essen in der Arbeiterkantine ganz an der
äusseren Seite des Geländes. Der Gerannt und Koch ist Franzose.
Sein 'Coq au vin' ('Gummiadler' in Weisswein) waren besonders bei
seinen amerikanischen Teamkollegen nicht nur wegen dessen
Volumens äusserst beliebt. Das war doch etwas ganz anders als die
für sie gewohnten 'Kentucky Fried Chicken'.

Besonders in den faden Stunden ohne Probleme an Wochenenden
und während den Feiertagen war etwas sehr beliebt,, um die
Stunden totzuschlagen: Das Baseball Game an der Bedienungskon-
sole.
Sehr wahrscheinlich das erste 'Game' überhaupt auf einer 'von
Neumann' Maschine!!!
Sehr clever programmiert von jemandem, der ihm leider unbekannt
geblieben ist.
Auf einer der Displayröhren der Konsole erscheint ganz unten ein
kleines Stichmännchen. Etwas darüber ein anderes: der wichtigste
Mann im Baseball: Der Werfer (Pitcher).
Auf einen Tastendruck wirft der den Baseball nach unten. Mal
schnell, manchmal langsam, manchmal gerade, manchmal im

Bogen. Ganz wie im amerikanischen Baseball. Der 'Batter) an der Konsole muss jetzt darauf reagieren. Mit dem Druck auf einer der zwei dafür programmierten Tasten. Je nach der Geschwindigkeit der Reaktion und der Intensität des Tastendruckes 'fliegt' der 'Baseball', ein kleiner Punkt, blitzartig nach oben oder schleicht sich ganz einfach der Grundlinie entlang dahin. Im besten Fall resultiert damit ein 'homerun', d.h. das Ideale, was im wirklichen Baseball resultieren kann. Wenn nicht, dann gibt es je nach der Reaktion des virtuellen 'Schlagmanns' Punkte oder auch gar nichts. Die 'Score' wird laufen auf einen der Bildschirm angezeigt.

Zwischen den Operateuren aus den verscheidenden teilnehmenden Ländern (CERN ist ja 'europäisch') gibt es einen ehrgeizigen Wettbewerb: Wer erzielt das beste Resultat?

Die Zeit steht nie still in der Entwicklung der Computer. Besonders steigt der Bedarf an Zugriffs-schnellen und mit riesigem Volumen versehenen Medien für die Speicherung der zu verarbeitende Masse an mehr oder weniger brauchbaren und nützlichen Daten.

Das erste Gerät, das jetzt dazu kommt, ist der gewaltige Trommel-speicher (drum). Der ist nicht gebaut, um das Trommeln der fastnächtlichen Klicken der Stadtbasler zu ermöglichen, sondern sehr rasch einen voluminösen Datenstrom in den lokalen Speichers der CPU zu boxen.

Dieser imposante Kasten, so drei Meter hoch und so zwei Meter lang und breit, enthält eine Metalltrommel von einem Meter Durchmesser und zwei Meter Höhe. Die Aussenseite der Trommel hat einen magnetisierbaren Belag. In diesen werden jetzt die Daten mittels Unmengen von sich an der fixen Seite der Trommel angebrachten befindlichen Schreib- und Leseköpfen gelesen oder gelöscht. Die Trommel dreht sich mit hunderten von Umdrehungen pro Sekunde. Was eine sehr ansehnlich hohe Uebertragungsrate bringt. Nur ist die Speicherkapazität dieses Gerätes eher bescheiden. Doch für Anwendungen, wo das schnelle Austauschen von Daten a priori am wichtigsten ist, ist es sehr geeignet.

Eine andere neue Art der Plattenspeicher setzt seinen Siegeszug an.

Diesmal sind es kleinere Apparate, so 120 Zentimeter hoch und so 1
Meter breit und lang. Von Weitem sehen die aus wie so etwas wie
übergrosse Küchenhocker. Aber sich ja nicht sich darauf setzten!
Denn oben ist ein schwerer Glasdeckel mit einem dicken Drehknauf
von zehn Zentimeter Durchmesser. Wenn man den heftig dreht und
das Ganze auch noch oben zieht, hat man das austauschbare
Platten-Paket in der Hand. Das sind braune Magnesiumplatten, die
in einem Zwischenraum von 10 Millimeter montiert sind.
Der grosse Vorteil dieser 'Apparatur' ist eindeutig: Es müssen immer
nur die gerade von dem jetzt in der CPU laufenden Programm
benötigten Daten 'online' sein.
Jeder Programmierer und jeder Benützer hat seinen eigenen
physikalischen Datenträger. Zum bespielt trägt jeder Systemprogrammierer seine eigene Version des Betriebssystems mit sich
herum.
Ein Platten-Paket hattenschon eine recht grosse Kapazität. Und sie
waren, für Computerartikel, zuerst noch recht bescheiden im Preis.
Der CERN hat einige davon.
Zu notieren ist noch das Gewicht eines solchen Platten-Pakets. Es
war knapp einige Unzen weniger als das maximale Gewicht,
dassnach dem amerikanischen Arbeitsgesezt noch zum Tragen
durch die weiblichen Angestellten erlaubt war.

Ein anderes 'Unikum' ist das ECS (Extended Core Storage).
Das ist ein zusätzlicher 'alleinstehender' Kernspeicher. Wiederum in
einem eigenen grossen Schrank in der Grösse eines Teiles des
'Mainframes'. Bestückt mit grossen Rahmen, 80x120 Zentimeter, mit
den wiederum sehr winzigen Magnetringen. Kapazität eher
bescheiden. Dafür sehr schnellen Zugriff. Und auch wieder sehr
störungsanfällig.
Darum wurde die aus Operateuren und Systemprogrammierer
zusammengesetzte, in der CERN internen Fussballmeisterschaft
mitspielenden Team, 'ECS' benannt.

Er spielte mit. Macht auch ein sensationelles Goal. Mit dem Kopf!

Auf Corner eines Österreichers. Internationale Zusammenarbeit. Ein
Erfolgserlebnis ganz anderer Art..

'Eigentlich' ist es ihm ganz wohl an der Arbeit. Das jetzt auch so
etwas wie sein Hobby wird.
Nicht nur wegen des Baseballs spielen. Es gibt jetzt immer öfter
längere Pausen zwischen dringenden, äusserst unerwünschten,
belastenden und fordernden 'Feuerwehreinsätzen'.
Doch der eine ist doch noch erwähnenswert. Weil während seiner
'Karriere' nur einmal auftretend:
Totalausfall einer beiden grossen Röhren der Bedienungskonsole!
Das ist nicht ein Fall für ihn. Denn er ist ja nicht Radioelektriker. Und
FEAM konnte er leider auch nicht erlernen. Was ihm jetzt aber
vollkommen 'Schnuppe' ist.
Doch die für die Anzeige gebrauchten fürchterlich hohen Spannung-
en beängstigten ihn schrecklich.
Zum Glück war da ja noch sein Kollege. Ein diplomierter El-
ektroingenieur. Der macht sich voller Freude über den zweiäugigen
'Verunfallten'.
Nicht für lange!
Denn er findet bald heraus, dass ein Kondensator darin am
Verbrennen ist. Das Problem ist also sofort klar erkannt und darum
auch sofort lösbar.
Aber nicht so schnell repariert. Denn im lokalen CDC Ersatzteillager
gibt es keinen solchen Komponenten. Auch im ganzen CERN ist
keiner aufzutreiben.
Not macht erfinderisch. Sein Kollege ist es auch. Er rast in seinem
alten VW-Käfer zu sich nach Hause. Dort nimmt er seinen Fernseher
auseinander. Er findet dort den so sehr benötigten Kondensator mit
der genau richtigen Kapazität! Situation für einmal mehr gerettet...

Ein mehr sich wiederholendes Problem sind die Module der
Speichereinheiten. Die hatten auch wieder kurze Ausfallzeiten
(meantime between failures). Sie können lokal nicht repariert werden
und müssen zu dem Produzenten in den USA geflogen werden. Der

ist zu Zeit total überfordert mit seinen Aufgaben. Also komplett ausgelastet.

Die 'Engineers' im CERN hatten bald einmal den Verdacht, dass die von ihnen als defekt gemeldeten Einheiten unberührt postwendend wieder zurückgeschickt werden! Dem mussten sie vorbeugen. Sie markieren die abgehenden Defekten mit einem sehr kleinen, unter der oberen Metallabdeckplatte von Hand eingeritzten, 'C'. (für CERN).

Alle neu ankommenden, angeblich reparierten, Speicher werden sofort überprüft. Ist ein solches 'C' da, dann wird der ans Ende der lokalen Warteschlange der defekten platziert, um dann,ohne den einzusetzen, wieder weggeschickt zu werden.

Die Wartungsarbeiten werden immer monotoner und langweiliger. Zudem wird die Schichtarbeit, besonders, die die um Mitternacht beginnt, langsam aber sicher zu Plage.

Dann noch seinem total missglückten Einsatz während drei Monaten an der Technischen Hochschule Aachen. Er wird dorthin 'befohlen', um die noch nicht so versierten deutschen Techniker zu trainieren und ihnen zu helfen. Was ihm aber seinen grössten Flop in seiner 'Karriere' mit der Hardware einbringt.

Ein grosses Problem: Ausfall einer Gruppe von Leseköpfen im 'Bryant' Plattenspeicher. Schon ein Problem für ihn.

Und was für eines!

Er konnte es nicht lösen: Er erreicht wieder, einmal mehr, sein persönliches katastrophales 'Waterloo'.

Der Kunde schäumt vor Wut. Sein Vorgesetzter auch. Einen Spezialisten aus Minneapolis einzufliegen würde zu lange dauern. Zeit am Computer ist äusserst kostbar, denn die vielen Studenten sind richtig 'gierig' in zu benützen. Eine sofortige Massnahme ist dringend vonnöten.

Ein Softwarespezialist vom CERN kommt mit dem nächsten noch freien Platz in einem Flugzeug nach Düsseldorf geflogen und wird mit der höchsten erlaubten Geschwindigkeit auf der Autobahn nach Aachen gefahren. Seine Aufgabe ist es in der Software Änderungen

vorzunehmen, sodass die defekten Leseköpfe nicht mehr benutzt werden. Die Zuteilung von den Plätzen auf dem Plattenspeicher und somit die Ansteuerung der Leseköpfe geschieht mittels eines Raster im zentralen Speicher. Dem 'TRT' (track reservation table), das für jede Spur ein Bit enthält. Ist es auf 'Null' dann ist die Spur frei (available). Der Programmieren muss nun alle die Spuren, die von den 'kaputten' Köpfe benützt werden, manuell auf 'besetzt' setzten. Eine Mammuts-Aufgabe.
Sie gelang ihm. Und die Anlage ist wieder halbwegs OK. Und der Plattenspeicherspezialist aus den USA kann sich Zeit lassen. Und soll bitte die dringend nötigen, an der TH Aachen nicht vorhanden, Ersatzteile mitbringen!

7. Von der Maschinensprache zum Betriebssystem-Programmierer.

Das ihm die Hardware-Warterei nicht nur wegen des mehr als nur
peinliche Vorfall 'stinkt' muss sein Chef, ein untypisch amerikanischer und darum nicht nur geschäftlich und finanziell orientierter
toller Typ, aufgefallen sein.
Er schlägt ihm vor doch Gruppenchef zu werden. Im Computer-
Jargon: Nach oben gekickt zu werden (kick upwards). Mit
entsprechender Lohnerhöhung selbstverständlich. Beförderung nach
oben war oft das Mittel technisch Versager ('Nuts' oder Nieten) aus
dem 'Verkehr' zu ziehen.
Er lehnt ab.
Warum? Er schlägt sich lieber mit verlorenen Bits, zu langsamen
Transistoren, wackeligen Drähten und gezinkten Bestandteilen
herum als Spesenrechnungen zu unterschreiben, Einsatz- und
Ferienpläne zu koordinieren oder sich mit den schlechten Launen
seiner Untergebenen herumzuschlagen.
Doch muss jetzt unbedingt etwas Neues her!!!
Er hat 'durch die Blume' erfahren, dass ein amerikanischer
Programmierer-Kollege, Mitglied des CDC Crews im CERN, die
Nase voll hat vom stundenlangen sich durchschlagen durch die
unendlich langen Reihen von Oktal-Zahlen der vom OS verursachten
Systemabstürzen (software crashes). Oder hatte er ganz einfach
genug von Raclette und Fondue?

Er weiss es nicht und es ist auch nicht wichtig. Wichtig ist: Es wird
eine Stelle frei in der Software-Gruppe.
Deren Chef, ein sehr korrekter und ruhiger Brite, ist ihm auch
sympathisch. Also warum denn nicht bei dem 'anbohren'?
Gesagt, getan!
Er bekommt den Job! Wenn auch vorläufig noch nicht als 'Senior
Analyst'. Was auch, wie das Meiste in der Informatik sein sollte, auch
wieder 'logisch' ist. Muss er doch wieder einmal ganz unten als

'Junior Programmer' anfangen. Doch er kennt ja dieses Metier schon
recht gut. Und weiss, was ihm 'droht'. Doch die Schichtarbeit ist er
los. Wenn auch sehr oft des Nachts, und an Wochenenden und
Feiertage gearbeitet werden muss. Denn tagsüber steht die
Maschine nur dem Kunden zu Verfügung. Sozusagen in 'Produktion'.
Für das Testen der Verbesserung, sprich besser die Korrekturen der
noch lange unliebsam oft auftretenden Software-Fehler, gibt es
während den 'normalen' Arbeitszeiten im CERN keine Möglichkeit.
Also, eine neue spektakuläre Herausforderung! Super!
Er muss ja nicht mehr bei null anfangen. Die Maschinensprache der
6600 kann er ja auswendig. Es hat ja mit den Kippschaltern des
'dead start panels' damit angefangen.
Alle elf Prozessoren, die 10 der PPU und der CPU, haben die
Möglichkeit überall in den Zentralspeicher zu schreiben und aus dem
auszulesen. Absolutes Tabu ist für alle Programme das Speichern in
die Zentralspeicher Adresse Null. Diese muss immer ohne jegliches
Bit sein. Sie wird von allen Programmen als solche benützt, um die
Inhalte der Register zu löschen. Also auf 'Null' zu sezten.
Doch viele Programme machen viele Fehler. Es passierte immer
wieder, noch und noch, dass diese Speicherzelle überschrieben
wird. Das resultierte in einem System-Absturz: ein 'bad monitor
request'.
Also: 'Memory Dump'. Wiederum ellenlange Listen von oktalen
Zahlen. Stundenlanges grübeln, um den 'Täter' zu eruieren.
Tagelanges studieren des 'source code' (in Assembler geschrie-
ben!). Wenn mehrmals die in etwa gleiche Konstellation von
Programmen im 'dump' vorzufinden ist, wird der 'Sündige' bald
einmal gefunden. Bald? Das ist relativ: Es kann Wochen dauern.

Gängige Zitate eines jeden Informatikspezialisten: "Das haben wir
gleich". Und dann dauert es Wochen...
"Das Problem ist sehr kompliziert". Und dann ist es in einer Stunde
erledigt...

Der Assembler ist etwas Geniales. Man ist mit der Maschine damit

schon fast so etwas wie im Titel dieses Buches auf 'DU'.
Auch der Kunde hat, was zum Beispiel bei IBM nicht üblich ist, bei
CDC Einsicht und Zugang in den 'source code' des OS. Und er
benütze dies auch, um eigene Wünsche mit einzubringen. Das
heisst eigene Änderungen vorzunehmen. Was das Installieren einer
neuen Version des vorangegangenen OS äusserst mühsam macht,
müssen doch die lokalen Zusätze und Veränderungen in den neuen
'Release' übertragen werden. Um alles korrekt auszutesten brauche
es Monate und Nachtschichtarbeit bis zum beinahe geht nicht mehr.
Solche Versionenwechsel sind zudem recht häufig.
Und ist die neue Version mit den CERN spezifischen Änderungen
endlich bereit für die 'Produktion' dann kommt der kritische erste Tag
der Bewährung. Der Adrenalin-Spiegel aller 'Beteiligten' ist auf
Höchststand.

Ein beliebter Teil der spezifischen Kundenwünsche an das OS ist
der 'Scheduler'. Das Programm, das den einzelnen Benützer-
Programmen den zentralen Prozessor zuweist. Welcher Benützer
beziehungsweise welches Programm hat die höchste Priorität?
Unendlicher Streit und endlose Änderungsvorschläge sind vorpro-
grammiert.
Auch andere kundenspezifische Anpassungen sind im Prinzip
erlaubt und werden auch getätigt. Ein solcher Zusatz zu den
gelieferten Programmen hat ihn dann doch sehr Sorgen und sehr
grosse Aktivierung der Hirnzellen gefordert. Denn es enthielt ein
Fehler der das OS 'killt'.
Der Programmierer des CERNs, ein friedlicher, aufgestellter Italiener
war ihm dann sehr dankbar den 'Fauxpas' gefunden zu haben.
Und er bezahlte dem CDC Software Crew, wie es in solchen Fällen
üblich ist, ein Fass Bier.
Zitat:"Wer etwas macht, macht Fehler". Eigenes Zitat: "Nichts zu
machen kann auch ein Fehler sein. Nur ist der schwieriger
nachzuweisen".

Für ihn ist jetzt auch wieder ein klassisches theoretisches Training fällig. Diesmal in der Hauptstadt von Israel.

Richtig gelesen: Tel Aviv. Und warum? Israel hat mit mächtiger amerikanischer finanzieller Unterstützung eine CDC gekauft. Und wie immer: Die Israeli wollen selbständig und von allen unabhängig sein. Darum werden die Wartung und die Weiterentwicklung selber getätigt. Eine Grundschulung von denen wird darum dort durchgeführt. Und es hat noch Platz für einen Ausländer. Natürlich nur gegen Bezahlung.

Schon beim Anflug auf Tel Aviv bekommt er den Wind, der dort weht, zu spüren. Er wird schon im Flugzeug von einem zuerst sehr unscheinbaren Kerlchen während Minuten ausgefragt. Von der Geburt bis zum heutigen Tag. Und bekommt dann mit einem Zähneknirschen von dem die Erlaubnis auszusteigen.

Das Schullokal am nächsten Tag ist äusserst karge ausgestattet. Sehr enge Tische, unbequeme Holzhocker. Es herrscht sehr strenge Disziplin. Täglich um acht wird die Türe zugetan und abgeschlossen. Fast keine der bei den 'Amis' so beliebten Kaffepausen. Das Mittagessen, für ihn eher ein 'Schlangenfrass', wird von einem Catering-Service auf blechernen Teller ins Schulzimmer gebracht. Dann wird eisern durch gebüffelt bis 1730h.

Für ihn sind das also schon sehr strenge Sitten. Er ist auch schon einige Jahre älter als die anderen in den Kurs befohlenen Israelis. Die meisten von denen sind absolut angefressene 'Computer-Besessene' und noch mehr 'Streber' als er.

Er erlaubt sich jeweils am Nachmittag einmal eine Rauchpause einzulegen. Dazu wird die immer geschlossene Eingangstür extra für ihn geöffnet. Er spaziert, schon fast so etwas wie nach Luft ringend, im Freien herum. Unglücklicherweise mit seiner Reisetasche unter dem Arm mit Pass, Kreditkarte und Bargeld: Sicher ist sicher!

Das bekommt er gleich darauf drastisch zu erfahren. Denn er legt die Tasche auf den Betonboden und wechselt einige Schritte von ihr weg. Denn vis-a-vis ist ein schönes Geschäft mit eleganten adretten Damenkleider und Damenwäsche. Ganz nach seinem Geschmack. Jetzt wird er sofort heftig von hinten am Arm gepackt. Und von einem Muskelmonster in kugelsicheren Weste und mit der

Maschinenpistole schussbereit angelegt grimmig in Englisch
angeschrien:
"Get your bag".

Auch diese drei Wochen hat er überlebt.
Zurück in Meyrin bekommt er bald einmal danach die Gelegenheit
die berühmt/berüchtigten Fehler (software bugs) selber zu
produzieren.

Denn er wird bald einmal nach Sunnyvale in Kalifornien geschickt.
Offiziell hiess es: Zur Ausbildung. In Tat und Wahrheit wird er
eingespannt, um an der Entwicklung des OS mitzuwirken.
Dieses spezielle OS ist auch eine spannende Sache: Es wurde sehr
rudimentär von Seymour Cray und einigen wenigen anderen Genies
ursprünglich in Chippewa Falls entwickelt. Eher um die Hardware
auszutesten. Das 'Chippwa Operating System' sollt so bald als
möglich von etwas weit überlegenes abgelöst werden.
Wurde es nie!
Denn das 'Wunder' unter dem Name 'SIPROS' wurde zu einem der
grössten Flops in der Geschichte der CDC.
Warum? Entwickelt von einem Konsortium (designed by comitee)'!!!!
Die Software der CDC wird zum grössten Teil in im 'Silicon Valley'
zwischen San Francisco und San Jose 'zusammen gestiefelt'.
In einem wettermässig weitaus menschlicheren und freundlicheren
Klima als das in Minnesota. Dementsprechend die Mentalität der
Bevölkerung dort: Legere, freundlich, 'partygängig', locker.
Dementsprechend auch das Produkt, das die dort über die Runden
'gekugelt' haben.
Er braucht schon eine Weile seine typisch teutonische Sturheit und
die ihm eigene Profil-Neurose zu mässigen und sich der Mentalität
der Kalifornier anzupassen.
Auch die für ihn gewohnten Ansprüche an den Arbeitsplatz muss
tiefgreifend gesenkt werden. Denn 'sein' Büro befindet sich in einem
mehr oder weniger provisorischen, aber dafür erdbebensicheren
Bau. Etwas ausserhalb des 'Dorfes' auf einem noch nicht sehr

überbauten Gelände. Umgeben von weiten Feldern, die mit Tomaten
und dergleichen bepflanzt sind. Solche reifen dort prächtig so
dreimal pro Jahr.

Das Gebäude ist fast identisch zu dem in Arden Hills: Quadratisch,
einstöckig, mit dünnen Backsteinmauern und schlicht provisorisch
hellgrau bemalt. Fenster gibt es nur in der ersten Etage. Die Etage
der Elite. Je nach der (momentanen ...) Stellung in der Hierarchie hat
der Angestellte ein Büro mit oder ohne Blick ins Freie. Aussen an
den vier Ecken sind die der höheren Chefs mit je zwei nicht zu
öffnenden Fenstern. Die kleineren Chefs in den kleineren Büros auf
den Seiten.

Der Rest der Belegschaft ist im Inneren platziert. In den sogenannten 'six-packs'. Abgeleitet von den damals gängigen Verpackung der
kleinen Coca-Cola Flaschen. Sechs Büros befinden sich in einem
eine Einheit bildenden Raum.

Die Kammern sind alle gleich gross. So 2x 4 Meter. Belegt jeweils
von zwei 'Sklaven', d.h. Normal-Programmierer. Wie er hier auch
einer ist. Die Telefongespräche der Mitarbeiter im 'Sixpack' sind von
allen zu hören. Auch die sehr persönlich intimen,wenn die nicht
geflüstert werden.

Es ist auch sonst laut in der Klause. Schliesslich muss gekühlt
werden. Die Klimaanlage des Hauses ist auch billig gebaut. Darum
der Lärmpegel umso grösser. Die sich in den Gängen befindenden
Kartenlocher gibt es nicht zuhauf. Man musste sich vorher an einem
einschreiben um den benützen zu können.

Zeit am Computer um die Programme zu testen ist noch viel rarer.
So gegen morgens um drei gibt es manchmal eine Lücke (slot) um
den alleine zu benützen. Und man muss auch allein sein. Denn das
sein eigener Code die Maschine ins 'abstürzten' bringt ist eher üblich
als selten.

Er hat sich bald einmal den Bedienungen angepasst und auch die
Praktiken seiner Kumpels übernommen. Zum Beispiel: Die
benötigten Listen, Lochkarten und Magnetbänder auf den
Bürosessel mit Rollrädern zu legen und den dann in den Computer-
raum zu stossen.

Er ist aber hier doch noch sehr 'Lehrling'. Mit den für die routinierteren Kollegen üblichen Tricks und Raffinessen des Assemblers noch nicht so gewachsen. Doch die Kerle hier und den hier in Kalifornien auch überraschend viele Damen nehmen sich ihm fast so etwas wie fürsorglich an.

Da ist ein kleiner, zum Glück auch eher introvertierter Typ, mit ihm in der 'Kammer'. Ein Latino aus Mexiko. Dessen Aufgabe es ist ein 'Makro' zu schreiben. Makro ist etwas für ihn Neues. In der Maschinensprache gibt es die nicht. Es ist eine Folge von einer Serie oft wiederkehrenden Instruktionen. Der geschaffene Assembler-Befehl wird jeweils mit den nötigen Parametern versehen und kann dementsprechend immer wieder verwendet werden.

Das Makro seines Kollegen kreiert einen Eintrag in einer sehr wichtigen Tabelle im zentralen Speicher: dem 'EST' (equipment status table). Ein solcher Eintrag beinhaltet alle Information eines angeschlossen peripheren Gerätes. Und deren braucht es viele: Geschwindigkeit und Bandbreite des Anschlusses, Übertragungs-Steuerung und andere spezifische Eigenschaften. Das Entwickeln eines solchen Befehlssatzes ist der 'Fulltime-Job' des wahrscheinlich jetzt eingebürgerten Mexikaners.

Sein Job ist es, Modifikationen im OS zu programmieren. In dem spezifischen Teil, der die Zugriffe zu dem Plattenspeicher optimiert und priorisiert. Die System-Programme setzten die Befehle zum Schreiben und dem Auslesen ab. Um diese zu koordinieren und die bestmögliche Zeit und mit den wenigsten der mechanischen Armbewegungen der Leseköpfe zu erreichen wird das Stapel-Prozessor (stack prozessor) Programm eingesetzt.

Das er jetzt zu warten und zu verbessern hat. Die Codierung ist äusserst präzise 'Uhrmacherarbeit': Jedes Bit muss auf seine Notwendigkeit überprüft werden. Zudem muss er für die völlig neu kommenden Entwicklungen in der Computerbranche 'umgebaut' werden.

Was ist denn so neu?

Die Idee verschiedene Maschinen aneinander zu koppeln. Zuerst wurden der Begriff 'Multi-mainframe' genannt. Was viel später dann

zu Computer-Netzwerken wurde.
Doch wir sind noch lange nicht so weit.
Der erste Schritt ist der: Man will den teuren Plattenspeicher von
mehr als nur einen Computer brauchen können. So braucht es nur
eine Kopie der Daten. Und, was viel wichtiger ist, mehrere
Maschinen können über dieses Medium miteinander kommunizieren.
Das grösste Problem ist dies: die Koordinierung der Zugriffe
zwischen den angeschlossenen Maschinen. Die 'Reservierung'
(locking). Es darf niemals möglich sein, dass sich die 'stack
prozessors' im 'Multi-Mainframe' Verbund in die Quere kommen.

Also, für ihn eine nicht unbedingt unerwünschte, weil doch etwas
schwierigen Anforderung. Das mit den mickrigen bis miesen
Arbeitsbedingung belastet ihn wenig. Nur das sein Kollege
kistenweise Coca-Cola Büchsen im engen Raum aufeinander beigt
stört ihn sehr. Er gibt es aber nicht zu merken. Schliesslich ist er nur
'temporär' hier. Und schliesslich ist Coca-Cola momentan bei einer
Verkaufsaktion von Woolworth fast gratis zu haben.
Und schliesslich weiss man nie, ob es bald einmal einen Coca-Cola-
Mangel geben wird.
Ein solcher ungemütlicher fataler Mangel an etwas viel Wichtigerem
herrscht nämlich jetzt in Kalifornien: Benzin Krise (gas shortage)!
Lange Schlagen von Wartenden vor den Tankstellen. Wenn eine
solche überhaupt noch geöffnet ist. Ein Job für Studenten: der 'car
sitter'. Der den Betuchteren die lästige und kein Geld einbringende
Warterei an den Tankstellen übernimmt.

Der sonstige Komfort im Gebäude ist alles andere als über allem
Zweifel erhaben. In der Mitte gibt es einen natürlich fensterlosen
'Aufenthaltsort'. Mit den üblichen Kaffeeautomaten. Die auch wieder,
wie üblich, schlecht gewartet sind. Deren Ausfall-Quote ist noch
höher als die der Hardware der 6600 in den ersten Jahren.
Ein Humorist, und solche gibt es unter den Programmierer doch
noch einige, überklebt die Anschriften der Bedienungsknöpfe mit:
'Coffee no cups'. 'Cups no coffee'.'Water'. 'Very hot black stuff'.

An der Wand mit den Mitteilungen an die Angestellten steht ein
grosses anspornend sein sollendes Plakat:
'Teamwork sells computers'. (Teamwork verkauft Computers).
Darunter gross handgeschrieben hingekritzelt: 'Who got the
commision?'. Wer bekam die Provision?

Ab und zu gibt es auch Vorträge von Abteilungsleitern zu besuchen.
Auch wieder in einem bescheidenen Schulzimmer. Mit weissen
'black boards' (Wandtafeln). Der bullige Vortragende ist gerade
daran eine längere Formel an diese zu schreiben. Jetzt plötzlich: Ein
riesiger Ruck erschüttert das Gebäude.
Das Schreibgerät rutscht ihm zehn Zentimeter nach unten. Er
schreibt seelenruhig weiter und murmelt nur so etwas: "Was a little
earthquake'" (das war ein kleines Erdbeben...).
Der Kerl hat aber Nerven, denn ihm, dem Schüler, schauert es
grausame. Er ist ja aber auch nicht Kalifornier.
Auch das macht ihn mehr als nur nervös: Bombenalarm! Alle
müssen sofort auf den Besammlung-Platz im Freien. Der hundert
von Meter vom Gebäude entfernt ist. Dort findet jetzt die Orien-
tierung der Belegschaft statt. Aber alle müssen noch auf einen
warten: Pierre, ein Franzose und genialer 'Designer', lässt sich lange
Zeit und schlendert schliesslich gemütlich auf sie zu. Wird sich wohl
von Paris her von den Attentaten der algerischen Befreiungsfront an
so etwas gewöhnt sein.

Wiederum passiert etwas, das nicht geplant oder voraussehbar ist:
Es wird ein Freiwilliger gesucht,s um für drei Monate in der
University of Wyoming in Laramie den Bereitschaftdienst zu leisten.
Keine Ahnung, wo das ist. Keiner seiner kalifornischen 'easy raider'
Kollegen ist erpicht darauf und dazu bereit.
Er schon.
Er liebt es ja Fremdes kennenzulernen. Und was er jetzt erleben
wird, ist schon eher nicht so alltäglich.
Schon der Flug von Denver nach Laramie ist abenteuerlich: Der Pilot
der kleinen zweimotorigen klapperigen Propellerkiste checkt die

Tickets beim Einsteigen persönlich. Die Landung am östlichen
Fusses der Rocky Mountains auf zweitausend Meter Höhe wird trotz
recht dichtem Nebel und einer Sichtweite von hundert Metern gerade
noch geschafft.
Chapeau Mister Pilot!
Es ist schon sehr kalt jetzt im Oktober. Aber für ihn ist vorgesorgt.
Ein älterer Chevrolet ist für ihn bereit. Der springt doch trotz der
Kälte sofort an. Auch sonst ist er technisch einwandfrei in Ordnung.
Was nicht unbedingt, nach seinen Erfahrungen mit drittrangingen
Autovermietern, zu erwarten war. Ein Zimmer in einem zweitrangi-
gen Hotel ist auch reserviert. Sauberes Riesenbett, überheizt, aber
leider ohne Minibar.
Anderntags: Fahrt zum gewaltig grossen 'Campus' der Universität.
Universität ist schon etwas übertrieben: eher eine riesige Schule mit
sehr vielen 'Studenten'. Der Computer ist auch in Ordnung, die
Software 'up to date'.
Dessen Benützung ist nicht sehr rege. Umso besser. Die Wahr-
scheinlichkeit in ein ihm noch unbekanntes Problem zu laufen also
eher gering.
Es gibt bald einmal ein solches. Zum Glück ist er dafür nicht
zuständig: Stromausfall an der Anlage.
Die Hauptsicherung des Computergebäudes gibt den Geist auf.
Ursache unbekannt und ihm eigentlich auch egal.
Nicht aber dem Hauswart. Denn es gibt in ganz Laramie keine
solche Sicherung zu finden. Sie muss von Denver eingeflogen
werden. Was schon so seine zwei Tage braucht.
Für ihn Zeit des 'dolce fare niente'. Zeit um sich in der Stadt
beziehungsweise den ihm wie in die in den alten Wildwest-Filmen
vorkommender Ort ist nicht viel zu sehen.
Es gibt: ein paar wenige grossen ebenerdige Einkaufszentren. Mit
Waffen und Munition auf den Regalen.
Drei wirklich an die 'Saloons' der Cowboys im wilden Westen
erinnernde Bars. Eine davon mit einem deutlichen zu sehenden
Schussloch in dem Spiegel hinter der Bar-Theke. Richtig Cowboys
gibt es auch deren viele hier. Und jeden Sonntag ein Rodeo. Dann

noch ein wichtiges Eisenbahngleis. Wichtig für den 'coast to coast'
Verkehr. Mit unendlich langen von drei Lokomotiven gezogenen
dahin schleichenden Güterzügen. Eine Barriere kann gut und gerne
für eine halbe Stunde geschlossen bleiben. Dann sehr regen
Durchgangsverkehr der immensen Camions aller möglichen
Transportunternehmen mit laut aufheulenden Dieselmotoren. Die auf
dem sehr wichtigen Highway, weil auch eine Ost-West transversale,
die die Stadt umfährt, donnern. Und deren 'Driver' auch ab und zu
mal in der Stadt übernachten. Meistens dann in dem gängigen
Wildwestfilm konformen so etwas wie Bordell-Hotel.
Neben Lastwagenfahrer, 'Rangers', Cowboys, Serviererinnen,
Eisenbahnangestellten und Lehrer und verdächtigen vergammelten
Nichtsnutzen gibt es dann eben noch einen grosser Haufen jungen
'Studierenden'.
Was die eigentlich dort lernen ist und bleibt für ihn schleierhaft.
Doch Wyoming wird immer in eindrücklicher und bester Erinnerung
bleiben.

Zurück in Sunnyvale. Nur noch für eine kurze Zeit. Denn auf
Weihnachten möchte er schon wieder gerne in Meyrin sein.
Er gibt noch eine Runde Bier aus. In einem in Kalifornien doch der
Neuzeit angepasstem und wie üblich sehr dunklen Restaurant. Für
seine ihm für seine 'Aufopferung' in die Rockys zu gehen sehr
dankbaren Kollegen. Es bleibt nicht bei einer Runde. Es wird immer
wieder bezahlt und bezahlt. Jetzt nicht mehr von ihm.
Es wird in typischen 'Computer-Chinesisch' heftig diskutiert und
besser gewusst. Ein mit höhnischem Gelächter begleiteten Thema
ist der 'Chinese-Girl Compiler'. Das ist ein Projekt der CDC,
ausgeführt in San Diego. Die Aufgabe dieser ausschliesslich aus
Asiatinnen bestehender Gruppe ist es einen Cobol Compiler für die
6000 Serie der CDC Computer zu schreiben. Etwas, das, wie
bekannt, dem Seymour strikt gegen den Strich ging.
Der Compiler ging nie über die Bühne. Musste der auch nicht. Die
ganze 'Übung' hatte den folgenden Grund: Der amerikanische Staat
verlangte von Unternehmen, die ihn beliefern, dass die einen

bestimmten Anteil von Emigranten beschäftigen muss.

Der einzige 'Spruch' der ihm von dieser 'good ye party' geblieben ist
der über die Wertschätzung der bis jetzt entwickelten Computer-
sprachen von seinen Kollegen: Fortran is for students. COBOL is for
girls. But Assembler is for men!!!

Mit Fortran bekommt er es bald einmal ganz unrühmlich zu tun.
Denn zurück im CERN beginnt ein ganz anderes 'Zeitalter'. Die
Entwicklung in Richtung des direkten Zugriffes der eigentlichen
Computerbenützer auf diesen. Zuerst in der Form von Fernschreiber.
Richtig gelesen: Telex Geräten. Die wurden mit dem Computer
verbunden. Die 'multi-user' fähigen Computer macht dieses möglich.
Der Programmierer von Anwendungen bekommt direkten Zugriff auf
die Maschine. Er muss seine meisten sehr langen Fortran
Programme nicht mehr auf Lochkarten stanzen und von dem
Operateur eingelesen werden. Um sich dann in die lange Schlange
der auf die Resultate Wartenden anzuschliessen. Er kann jetzt direkt
sein Programm in den Zentralspeicher eintippen.
Ein gewaltiger Schritt in der damals noch immer noch fast so etwas
wie die 'Vorfrühzeit' der Informatik!
Er staunt Bauklötze, als er zum ersten Mal selber benutzen konnte.
Bis jetzt war das alles nur ein frommer Wunsch: eine Utopie.
Die mechanischen Eingabegeräte wurden bald einmal von den
sogenannten Monitoren ersetzt. Das ist ein, heute würde man sagen,
'dummes' Gerät. Noch ohne Mirco-Prozessor oder sonstiger
'intelligenter' Elektronik. Ein monochromer Fernsehapparat mit einer
Tastatur. Nichts mehr und nichts weniger.

Zurück zu Fortran. Das Programm im zentralen Rechner um die
interaktive Benützung zu steuern ist der bei der CDC in Fortran
geschriebene 'Editor'.
'Verbrochen' von einem persönlichen Freund von ihm. Bekannt von
seinem 'Stage' in Sunnyvale. Wohl eines der ersten der sogenannten
're-entrand' Programmen. Das heisst: Ein einziges Programm kann

gleichzeitig mehrere Benutzer 'befriedigen', d.h. bedienen.
Software ist bekanntlich ein Südfrüchteprodukt.
Es ist auch noch lange nicht reif, als die erste provisorische Version
dem CERN geliefert wird. Aber diese neue Möglichkeit für jeden jetzt
mit dem Computer auch auf 'Du' zu werden ist sensationell.
Auch für die Technische Hochschule Berlin. Die kauften auch ein
CDC. Mit sehr viel gütiger Unterstützung der deutschen Regierung in
Bonn und des Berliner Senats.

Es ist lange vor dem Fall der Mauer.

Die cleveren Verantwortlichen der Universität erkannten sofort das
Potenzial des computergeschichlichen 'Quantensprungs'. Sein
Freund und Creator des 'multi-user' Editors wird nach Berlin
befohlen. Auch er wird dorthin geschickt, um mit dem familiäre zu
werden.
Der Flug über die Luftbrücke mit der TWA, in dem sehr eng
bestuhlten und voll besetzen älteres Flugzeug ist auch wieder
abenteuerlich. Wenn auch nicht so wie der auf Laramie. Beängsti-
gend ist für ihn der Anflug auf den Flughafen inmitten von Berlin.
Denn der ist sehr schmal. Links und rechts von der Piste riesige
Wohnblocks. Man fliegt so etwas wie in eine 'Schlucht'.

Der Editor fliegt auch. Aber auf die Schnauze. Er liegt sofort flach.
Sein Schöpfer kann an Ort und Stelle seine 'bugs' erleben und
korrigieren. Sie sind jetzt alle in einem grossen Hörsaal. Mit einem
Dutzend Monitoren. Und lehrbegierigen motivierten Studenten.
Und einem 'Editor' der keine 15 Minuten überlebt. Die berühmte
'meantime between failures' ist auf rekordverdächtigem Minimum.
Klar, dass er sich den zu Versuchspersonen verurteilten Berliner
nicht,als Angestellter der CDC zu erkennen gibt.

Sein Frust durch wird durch den Besuch am Samstag nach Ostberlin
jenseits des 'Checkpoint Charlies' vergessen. Denn der ist auf seine
Art wieder eindrücklich. Zuerst das lange Warten beim Übergang in

den Ostsektor. Das peinliche Überprüfen seiner Identität. Das
erzwungene Wechseln von im Minimum 20 DM auf Ostmarks. Dann
langer Marsch durch menschenleere Strassen zum Alexanderplatz.
Alles was erwähnenswert ist dies: Durch einen halb geöffneten
Abwasserschacht taucht ein Helm auf. Mit einem Soldaten darunter.
Mit dem Feldstecher auf ihn gerichtet. Und einer bedrohlich
einsatzbereiten auch auf ihn gerichteten Maschinenpistole.
Der Alexanderplatz ist gigantisch. Aber ebenso fast menschenleer
wie das Quartier vorher. Höchst langweilig.
Kein Geschäft. Nicht eines, das offen ist. Er möchte gerne eine
Schokolade, eine Zeitung, ein Andenken oder mindeste eine
Ansichtskarte kaufen. Keine auch nur geringste Möglichkeit einer
Chance!
Zudem hat er Hunger. Und noch mehr Durst...
Also so bald als möglich zurück an den deutlich lebhafteren
Kurfürstendamm.
Doch es gibt wieder ein Hoffnungsschimmer, die Ostmarks doch
noch loszuwerden. Hinten in einem sehr gepflegten schönen Park ist
einer Art kleines Schlösschen im Barockstil. Sogar mit Licht und mit
Leuten darin. Nicht voll besetzt, aber anscheinend öffentlich, denn
die vornehme Türe lässt sich öffnen. Auch innen: sehr elegant, sehr
klassisch. Johann Sebastian Bach könnte hier gewirkt haben.
Und Bach ist es auch das, was er jetzt hört. Ein Kammerorchester
mit doch so über zehn Berufs-gemäss in schwarz gekleidete Damen
und Herren spielt es gekonnt. Sein erster Gedanke ist: Wau, das
muss wohl ein sehr teureres Lokal sein!
Ist es nicht.
Ein Kellner mit Pokergesicht weist ihm mit einer Menu-Karte in der
Hand, ohne mit den Wimpern zu zucken, einen Stuhl an einem freien
Tischchen zu. Die Preise sind für solch ein Establishment mehr als
nur bescheiden. Eine grosse Auswahl gibt es nicht. Zu essen gar
nichts. Aber ein Kaffee mit einem Wodka für vier Mark. Das ist
Musik. Und die Musik wird immer besser je mehr er Kaffee und
Wodka trinkt. Was soll er auch sonst andres machen mit seinen Ost-
Devisen?

Es wird Abend. Seine 'Aufenthaltsbewilligung' in Ostberlin läuft sehr
bald ab. Also zurückgetaumelt zum Checkpoint. Die Kontrolle dort
läuft problemlos. Kunststück: nach fünf Wodkas! Der diensttuende
Beamte lächelt trotz eiserner Mine schon etwas.

Nach Berlin geht es nach Ljubljana. Diesmal nicht zur Schulung,
sondern für einen sehr ernsten Einsatz: die Erstellung eines
'Benchmark' Programms. Solche Programme werden von möglichen
zukünftigen Kunden (prospects) jeweils benützt, um die verschiede-
nen in Frage kommenden Lieferanten untereinander zu vergleichen
und die Leistung deren Computer zu messen.
Also eine sinnvolle neue Aufgabe. CDC will und muss bald wieder
etwas in der Schweiz verkaufen.
Die ETH Zürich hat den Wunsch und auch das Geld, um für ihre
Bibliothek einen Computer zu beschaffen.
Die Anforderungen sind diese: Sehr schnelle Antwortzeiten bei der
Aufsuchung von Bücher, Zeitschriften und Grafiken durch die
Bibliothek-Benützer an den lokalen Monitoren oder über das bald
einmal aktuell werdende globale Datennetz.
Aber warum muss das jetzt ausgerechnet in Ljubljana sein?
Darum: Die Universität dort hat dasselbe Modell der CDC, das den
Vorgaben des hoffentlich baldigen neuen Kunden entspricht. Ein
solches gibt es in der Schweiz nicht. Und die Universität der
Hauptsatz Sloweniens hat, was selten der Fall ist, noch freie
Kapazität, um die vorgegebenen Programme zu testen. Und können
die ausländischen Devisen sehr, sehr gut gebrauchen. Die
Computerzeit muss doch von der CDC Schweiz bezahlt werden.
Also: Los nach Jugoslawien!.
Stürmischer Flug nach Zagreb. Mir über dreissig Kilo 'Manuals' im
Gepäck. Man muss alles selber mitbringen in die Staaten des
Ostblockes. Und man kann ja bei Computer nie wissen, was so alles
an Fragen und Komplikationen auf einem zukommt.
Die erste 'Komplikation' ist das Passieren der Personenkontrolle. Die
Beamten sind beim Anblick seiner fünf grossen Koffer äusserst
verblüfft und bald einmal überfordert. Was stundenlanges Warten mit

sich bringt. Denn da lief das Telefon nach Belgrad und wahrscheinlich auch an die jugoslawische Botschaft in Bern eine Weile lang
heiss. Nach der gründlichen Inspektion des Materials wird er
unfreundlich durch gewunken. Er hat dem Zollpersonal ja auch eine
gehörige Portion ungewohnter Arbeit verursacht.

Die Arbeit an der Uni ist lässig. Keine Hektik, kein Stress, alles mit
der Ruhe und praktisch immer alleine mit seinem 'Freund': dem
Computer.
Weniger Freude bringt die Unterkunft und Verpflegung. Ein
staatliches nur schlecht geheiztes Hotel. Kleines Zimmer mit einem
mehr oder weniger schlechten Bett. Und mit sehr beschränkter
Auswahl an Essen. Zwar gibt es eine sehr lange, aber doch schon
etwas vergilbte Menükarte, in der alle üblichen internationalen
'Kostbarkeiten' aufgelistet sind. Doch will man beim unfreundlichen
Keller etwas bestellen, dann heisst es meistens: Das haben wir
heute nicht. Und das auch nicht. Er gewöhnt sich bald einmal daran
in gleich zu fragen: Was haben sie überhaupt heute?
Nach den ersten zwei Wochen bekommt er ein Wochenende Heim-
Urlaub mit bezahlter Reise. Zurück auf der Fahrt mit dem Mietwagen
von Zagreb nach Ljubljana auf der holprigen Hauptstrasse mit
langsam dahinschleichenden Lastwagen und engen Kurven hört er
vorne einen dumpfen leisen Knall. Nicht schlimm: Der Motor läuft
ohne besonderen Lärm noch gut und auch die Bremsen funktionieren noch. Was er sofort ausprobiert.
Doch dieser Knall wird zu einem sehr schlechten Omen auf das, was
jetzt auf ihn zukommt.
Am Montagmorgen will er wie gewohnt an die Arbeit fahren.
Will!
Das Auto springt nicht an. Auch der jetzt recht freundliche 'Ober'
bringt es nicht fertig.
Also nimmt er zuerst einmal ein Taxi zur Arbeit. Dort ruft er die
Vermieter-Firma des Wagens an und bittet um Hilfe. Nach
Feierabend kommt der Mechaniker. Nachdem der die Kühlerhaube
geöffnet hat, bekommt er einen grimmigen Blick von dem. Und er

schreit ihn an: Was ist da passiert? Der Anlasser-Motor ist nicht
mehr da!
Er zeigt ihm die Reste der drei den befestigenden Bolzen. Abgebro-
chen! Der Knall von gestern ist erklärt.
Noch nicht geklärt aber ist der Fall für den Angestellten der
Mietwagen-Firma. Auf seine Erzählung vom gestrigen Vorfall schaut
er nur sehr skeptisch in die Wäsche. Doch dann ist er doch noch
überzeugt, dass er ihn nicht beschwindelt. Die anscheinend den
lokalen Gegebenheiten entsprechende Tatsache des Stehlens und
des Verkaufens eines Autoersatzteiles konnte er anscheinend
beschwichtigen.

Zitat: "Ein Unglück kommt selten alleine"

Das nächste ist für ihn weit peinlicher. Es ist jetzt Zeit den
Benchmark 'live' zu durchlaufen. Es kommen drei Experten von der
ETH. Sein Programm wird begutachtend und geprüft. Oh Schreck!
Es funktioniert gar nicht nach ihren Wünschen. Sofort wird ein recht
grober Fehler entdeckt.
Er schämt sich. Am liebsten würde er sich jetzt verkriechen.
Doch zuerst muss er sein Programm reparieren. Der Testlauf geht
jetzt weiter. Und alle gehen zurück in die Schweiz. Auch die nicht
angerührten dreissig Kilos an Papier.

8. Der Untergang eines Giganten

'Eigentlich' eine Wiederholung eines Zitates. Leider mit dem, das
jetzt kommt nur zu Wahres: Ein Unglück kommt selten allein.

Ein viel Grösseres als die vorherigen, eben nicht allein kommenden,
zitterte sich bald einmal heran. Aber für dieses Mal kann er für
einmal nichts dafür. Er war an dem komplett versoffenen Giganten-
Projekt nicht beteiligt.
Eine Grossbank in der Schweiz und CDC schlossen einen Vertrag
zur Lieferung von Maschinen und die für die gewaltigen 'mil-
lionenträchtigen' Bankenapplikationen benötigte Software.
Diese Software war noch nicht einsatzfähig. Und wurde es auch nie.
CDC verkaufte der Bank einen so benannten 'Paper Tiger'
(Papiertiger). Ein im Computer-Business Jargon gebräuchlicher
Ausdruck für etwas, dass nur auf dem Papier besteht. Früher wurde
mit diesem 'Schimpfwort' oft höhnisch das Vorgehen des Erzfeindes,
der IBM, apostrophiert.
Die Maschinen der Sechstausender Serie der CDC sind für
kommerzielle Applikationen denkbar ungeeignet. Seymour Cray war
sich dessen voll bewusst.
Nicht aber den 'cleveren' lokalen Verkäufern und dem Management
in der Schweiz. Denn das Projekt 'UBISCO' basieren auf dem
versprochenen TOOS (transaktion oriented operating system) war
zum vorne herein zum Scheitern verurteilt. Mit riesigem Aufwand,
enormen Kosten und jeder Menge Komplikationen wurde auf Teufel
komm raus an der Software 'geknorzt'. In Kalifornien und in der
Schweiz.
Jede Woche wurde eine neue Version des 'zusammen-gestiefelten'
eingeflogen. Begleitet von einem der Spezialisten. Oder sogar von
einer Sekretärin, die auch einmal nach Zürich reisen wollte.

Dort war man sehr, sehr lange in einer unmotivierten Euphorie. Es
gibt ein Riesenfest. Eingeladen waren alle Mitarbeiter der CDC

Schweiz. Auch die von Genf. Darum auch er. Jetzt mit Familie.
So an die 120 Angestellte. Und das mit Partner und Kinder. Es findet
im Schloss Lenzburg statt. Die Teilnehmer werden in reservierten
Erstklasswagen der SBB, inklusive Champagner-Frühstück,
eingefahren. In den Hotels werden die Kinder von angestellten
Betreuerinnen und Betreuer übernommen und die ganze Zeit über
umsorgt.
Die Feier selber ist im feudalen Schloss. Dort werden die Gäste mit
Trompetenfanfaren, geblasen von mittelalterlich kostümierten
professionellen Bläsern, empfangen.
Das Diner versteht sich, ist das Feinste vom Feinen. Begleitet von
Vivaldi, gespielt von einem Kammerorchester.
Der Festreden oder besser: Lobesreden gibt es, so wie üblich, deren
mehrere. Lauter Applaus auch. Alles ist in bester Minne. Es
herrschte Jubel, Trubel, Heiterkeit. Alle sind begeistert und zufrieden
mit dem Gebotenen. Kunststück!

Zitat: "Hochmut kommt vor dem Fall".

Und der Fall kam dann bald einmal. Das ganze UBISCO Projekt
platzte auf. Krachte in Schutt und Asche zusammen! Musste es
auch. Ein Ende mit Schrecken. Nur knapp besser als ein Schrecken
ohne Ende.
Ausser Spesen nichts gewesen. Und die waren gewaltig. Gerüchte-
weise so fünfzig Millionen in damals noch wertvollen Dollars. Für
beide: CDC und der Bank wohlverstanden. Ob sich darin auch die
dann selbstverständlich anfallenden und auch folgenden Anwalts-
und Gerichtskosten befinden, weiss er nicht.
Zum Leidwesen der Technikhistoriker hält die Bank die Akten zum
UBISCO-Projekt bis heute unter Verschluss.

Und für CDC war es einer der mehreren noch folgenden fatalen
Todesstösse. Nicht der Erste und auch nicht der Letzte. Für den ist
jetzt nur noch eine Frage der Zeit.

Zurück im CERN. Dort steht jetzt auch eine CDC7600. Das Nachfolgeprodukt der 6600. Noch kompakter, noch dichtere Module. Jetzt mit kleinen flachen und auch noch konkreten Transistoren, so 4x4 Millimeter quadratisch und einen Millimeter dick. Mit Schaltzeiten von weniger als einer Nanosekunde. Und wieder über eine halbe Million. Und wieder immer ist noch keine Rede von 'Chips' (natürlich nicht solche die man knabbern kann).
Doch diese neue, auch wieder eine 'Supermaschine', muss er jetzt nicht mehr reparieren. Er ist doch jetzt ein 'Softie'. Mit der neuen Software hat er aber nichts zu tun. Zum Glück, denn dessen Operating System 'SCOPE' läuft lange noch nicht rund. Beziehungsweise überhaupt nie.

Etwas anderes auch nicht. In Wien hat ein dort installierter Rechner der ersten Supercomputer-Generation auch wieder einmal eines der berühmten Software-Bugs. Ein Fehler bei der sogenannten 'Warmstart' Funktion. Diese ermöglicht nach einem 'crash' des OS das Wiederherstellen des vorherigen Zustands, ohne dass alles auf 'Null' gesetzt wird und alle aktiven Programme neu gestartet werden müssen. Ein gewaltiger Fortschritt und grosse Hilfe.
Und ebendiese 'Hilfe' funktioniert in Wien nicht mehr. Nur gerade dort. Sonst weltweit nirgends.
Um seinen von katastrophalem Einsatz in Slowenien her bekannten Kollege zu helfen wird er nach Wien berufen.
Und er kann helfen. Relativ bald sogar. Dieser Kollege, wie er auch ein 'Software-Ingenieur', hatte lokale Veränderungen am OS vorgenommen. Für ihn war es sofort klar: Dort muss der Hund begraben sein, denn er tritt ja nur hier auf.
Das Problem ist reproduzierbar und darum bald gelöst. Und wiederum ist es bewiesen:
Wenn etwas schiefgehen kann, dann wird es auch. So wie es das berühmte 'Murphy's law' aussagt: Anything that can go wrong will go wrong.
Doch erfreulicher für ihn. Wie üblich unter Kollegen: Der den Fehler verschuldet hat, zahlt eine Runde.

Wo geschieht solches in der Hauptstadt Österreichs am besten?
Natürlich beim 'Heurigen' in Grinzing. Mit noch zwei anderen
Kollegen zusammen ging es nach der Arbeit schnurstracks dorthin.
Wo es, logischerweise wie auch so üblich, ins 'ausarten' rutscht. In
der Form eines Alkohspiegels deutlich über einem Promille.
das ist sehr gut für ein sofortiges Einschlafen im Nobelhotel. Doch
gar nicht gut für den Schlaf. Denn kurz nach Mitternacht schüttelte
das ganze Zimmer fürchterlich. Zuerst dachte er: selber schuld! Nur
noch mehr saufen!
Das war nicht die Ursache: In Friaul im nahen Norditalien bebt es in
dieser Nacht gewaltig. Um einiges heftiger als seinerzeit das in
Sunnyvale.

Ein anderes 'Unheil', diesmal nicht ein physisches, kommt eben wie
bekannt selten allein.
Es kam im CERN. Zwei Jahre später über die schon vom UBISCO
Desaster schwer gebeutelte schweizerische Filiale der einst so
führenden Supercomputer-Companie: Der CERN kauft die zweite
7600 nicht.
Das war doch so sehnlichst erwartet und erhofft. Und war auch
dringendst finanziell schwer vonnöten.
Zitat eines schwedischen Arbeitskollegen: 'The shit hit the van'.
(Keine Übersetzung...)
Es geht mit dem einst so ruhmreichen Konzern immer schneller und
immer steiler bergab. Er kommt immer irrer ins Taumeln: Flops wie
UBISCO, das OS der Versager SIPROS, Plato, ein futuristisches
vom Gründer und EO der CDC William C. Norris 'verhätschelten'
Projekt eines elektronischen Schulungs-Systems und andere
'Katastrophen' schaufelten ihr das Grab. Dazu noch der nie das Licht
der realen Welt erblickende 'superste' aller Supercomputer: Der
STAR.

Seymour Cray verlässt das sinkende Schiff. Während seiner Arbeit
an der CDC8600. Die nie unter diesem Namen auf den Markt kam.
Dafür gib es jetzt etwas Neues unter der Sonne: die Cray Research

in Denver, Colorado.
CERN wird der CDC untreu. Die 6600 ist schon veraltet und obsolet.
Nur noch ein ganz kleiner Bestand an Servicepersonal wird
gebraucht. Ihn brauchte es nicht mehr.
Also wohin mit ihm? Weit und breit war kein zukünftiger Kunde in
Sicht. Also auch keine Gelegenheit nochmals ein fehlerhaftes
Benchmark-Programm zu schreiben. Was ihn davon bewahrte dann
sofort zum Teufel gejagt zu werden.
Doch man musste ihn, wenn möglich, irgendwo und irgendwie
nützlich einsetzen. Er ist noch lange vom Alter der Pensionierung
entfernt. Und er ist ja jetzt schliesslich noch gut bezahlter 'Senior
Analyst'.
Da geht eine Lücke auf. Dank dem nie entstehenden SIPROS
Operating System.
Das Universitätsspital in Genf hatte nämlich wegen dessen eine
CDC gekauft. Doch die gewünschte und für den Kauf auch
ausschlaggebende Software ist eben der (und wie bekannt, lange
nicht der einzige) Flop der in den früheren Jahren einst drittgrössten
Computerfirma der Welt.

Als 'Entschädigung' für das Nichteinhalten der Verpflichtungen
einigten sich der Spital und CDC so: CDC Personal stellt dem Spital
für längere Zeit qualifizierte Programmierer zur Verfügung, die
mithelfen, das Erwartete irgendwie doch noch zum Laufen zu
bringen.
Es wird lokal im Spital heftig und gekonnt an deren Projekt
'DIOGENE' (Departement Informatique Opital Cantonale Geneve)
gearbeitet. Das ist ein System, um die Bettenbesetzung, die
Benützung der teuren medizinischen Geräte, die Bettenbelegung,
die Auslastung der Spezialärzte und anderes zu koordinieren und zu
optimieren.
Er ist dabei.
Seine Aufgabe: Die Datensicherung zu gewährleisten. Das mit
etlichen tausend Zeilen in Assembler. Und natürlich auch wieder
Nachtarbeit.

Der Arbeitsplatz ist nicht der komfortabelste. Die Mitarbeiter und sein Chef und der noch höhere Chef, ein Arzt und Professor, sind sehr kollegial. Er ist im Nu integriert. Auch wenn ihm die 'Codiererei' nicht unbedingt einen Riesenspass macht.
Noch weniger Spass machen ihm die damaligen öffentlichen Verkehrsmittel in Genf. Täglich von Meyrin in das Quartier ganz auf der anderen Seite mit dem Bus und mehrmaligen Umsteigen zu pendeln ist mehr als nur mühsam. Er ist eben von dem sehr kurzen Weg von zu Hause nach dem CERN mit dem garantierten Parkplatz und in fünf Minuten erreichbar schon etwas verwöhnt worden.

Das Projekt 'DIOGENE' ist als so etwas wie eine Ausnahme dann termingerecht und funktionierend fertig geworden.
Eine Ausnahme, die die berühmte Regel bestätigt. Und es läuft zur Zufriedenheit deren Benützer. Das ist schliesslich alles, was zählt.
Was das Ganze gekostet hat, ist dann Nebensache.

Keine Nebensache ist jetzt, wo das Projekt fertig ist, für ihn die weitere Zukunft mit CDC. Und die ist die folgende: Er wird in die kleine Agentur nach Lausanne 'verschoben'. Was den Weg zur Arbeit noch viel mühsamer macht.
Und was macht er dort? Büroarbeit! Oder besser: Vorbereitung zur Liquidation der Firma. Denn die Monate bis dorthin sind jetzt an einer Hand abzuzählen.

Der Untergang des Giganten.

9. Vom Supermini zum Laptop.

Das war's. Es waren 17 Jahre. Es ist der Beginn des Aussterbens
der 'Dinosaurier' der Informatik. Zwar gibt es noch einige Kreationen
von Cray. Und auch die Japaner begannen, wie überall, an der
'Hightech-Spitze' mitzumischen. Im CERN und der ETH war es die
NEC (Nippon Electric Company).
Doch jetzt bricht die Zeit der 'Superminis' an. Schon länger hörte er
die Klagen seiner Verkäufer-Kollegen: "Die Superminis brechen uns
den Hals. Macht etwas, das wir ihnen entgegensetzen können!".
CDC tat es nicht. Trotzdem die Zeit dazu überreif geworden war.
Die Superminis, zum Beispiel die PDP11 von DEC (Digital Computer
Corperation) oder die Computer von Pr1ME, kamen für einen
Bruchteil des Preises nahe an die Leistung der Giganten heran. In
Sachen Datenkommunikation, neuerdings beginnt man jetzt von
Netzwerken zu reden, und die Möglichkeit Maschinen verschiedener
Hersteller miteinander zu verbinden, denen hoch überlegen.
Der 'Salesman', der für den begehrten und bestehenden CDC
Kunden, ein führender Maschinenhersteller in Winterthur, zuständig
war, sagt ihm: "Schau mal an, was DIE können".

Und die können wirklich etwas! Davon hat er sich in Bälde einmal
selber überzeugen lassen.
In einer Genfer-Zeitung sucht die eine Firma Prime Computer
Software Spezialisten.
Ein Telefon nach Zürich genügt. Er wird zu einem Vorstellungs-
Gespräch eingeladen.
Zuerst werden ihm deren Produkte vorgestellt und vorgeführt. Er
staunt wieder einmal gewaltig über das, was die zustande bringen.
Sogar die eben aufkommende von Professor Wirth an der ETH
Zürich sensationelle völlig neue, Module orientierte Computerspra-
che 'PASCAL'. hatten sie bereits funktionsfähig implementiert. Und,
was in der Brache nicht so schnell üblich ist, auch im Griff.

Den Anschluss von damals noch sehr 'primitiven' Monitoren für die interaktive Benutzung der zentralen Rechner, heute würde man denen Server sagen, ist gegenüber dem, das ihm bis jetzt bekannt ist, genial einfach.

Nicht so einfach ist es, die finanziellen Seiten des Jobangebotes zu verdauen. Es ist so etwa zweitausend Franken im Monat geringer als gehabt. Dafür gibt es eine 'Bonus Option'. Macht die Firma in der Schweiz Gewinn, gibt es eine Beteiligung. Ungewohnt für ihn. Bis jetzt bekamen bei seinen Arbeitgebern nur die Verkäufer noch einen 'Bonus'.

Doch etwas anderes ist viel mehr Wert: Sie würden sich freuen, wenn er in Genf die Verantwortung der Kundenbetreuung in der Domäne der Software und in die gesamte damit verbundene Datenübermittlung, den Begriff 'Telematik' gibt es immer noch nicht, übernehmen würde.

Er nimmt mit Handkuss an.

Nicht so zu küssen ist dann aber seine praktische pragmatische Arbeit. Nach kurzem 'Stage' in Zürich muss er voll ran. Der Kundensupport in die Westschweiz ist lange Zeit vernachlässigt worden. Es ist höchst Zeit diesen Missstand aufzuholen und zu beheben.

Nur: Der Kreis der Kunden ist ganz ein anderer als der vorher und an den er sich gewöhnt ist. Zwar gibt es deren namhafte: Eine lokale französische Bank, ein riesengrosses Unternehmen im Detailhandel in Lausanne, eine weltweit tätige Gesellschaft in der internationalen Logistik in Freiburg, die IATA (International Air Transport Association) in Genf und auch in Genf das College Calvin. Dann noch eine ganze Anzahl sehr kleine.

Zum Beispiel ein Molkereiunternehmen im Wallis. Das hat soeben eine kleine Maschine gekauft. Seine Aufgabe war es nun deren Personal, unter anderen von Beruf Käser, Milchhändlerin und Hilfsbuchhalterin, den Computer näherzubringen. Zum Teil auch noch auf Französisch.

Es war vollkommen vergebene Liebesmüh.

Doch aller Anfang ist schwer. Es wird anscheinend zu voller

Zufriedenheit seines lokalen Chefs. Der ist 'natürlich nur' ein
beförderter Verkäufer. Seine Mitarbeiter sind über sein Wissen
zuerst auch sehr erstaunt.
Denn er wird sofort zum 'Software Manger Western Switzerland'
ernannt.
Denn das Business 'boomt'. Einer allein kann, die vielen bestellten
und damit auch bald konkret kommenden neuen Installationen nicht
bewältigen. Er und sein Software-Chef in Zürich müssen dringend
Personal rekrutieren.
Etwas, das ihm gar nicht behagt. Doch in der Not frisst der Teufel
Fliegen und er macht, was ihm aufgetragen wurde. Bald ist der
Bestand an 'Sofies' in der Westschweiz von null auf drei angestieg-
en.
Das stellt auf. Die Personalpolitik des neuen Arbeitgebers auch.
Denn Anfangs des neuen Jahres, er ist erst drei Monate dabei, darf
er am sogenannten 'Kick-off' Meeting teilnehmen. Solche 'Events'
sind bei amerikanischen, und nicht nur bei denen, gebräuchlich, um
am Anfang eines neuen Geschäftsjahres die Motivation der
Mitarbeiter auf den höchstmöglichen zu erreichenden Stand zu
bringen. Deren Erwartungen und deren Glückshormonen-Spiegel ins
Wallen zu peitschen.
Kosten? Keine Frage, denn der Firma geht es ja glänzend.

Er und sein Chef sind dabei. Es sind auch viele im 'Design' tätigen
Leute aus dem Hauptquartier der Firma in Natik, Massachusetts,
anwesend, um ihre neusten 'Taten' vorzustellen.
Von Paris aus geht es mit einem reservierten, natürlich auch wieder
Erstklasswagen eines TGVs an die Loire.
In einem Schloss, wie sich an diesem Fluss gehört, werden sie
einquartiert. Und gleich mit Beaujolais bewirtet. Der sie über das
ganze Wochenende hindurch begleiten wird. Sozusagen dann ihnen
bald einmal aus den Ohren läuft.
Was die ganze 'Übung' für ihn doch noch erträglich macht. Denn die
vielen Hymen auf den Erfolg der Firma, das gegenseitige sich auf die
Schulter klopfen, und das sich immer wiederholende 'we are the

best' ist nicht unbedingt nach seinem 'goute'.
Dafür der Slogan für das angebrochene Jahr: The year of the
thoroughbread (Das Jahr der Vollblüter...).
Die Werbeberater der Firma sind also nicht von Pappe.
Dafür ist der für die zukünftige Entwicklung des Operations-System
'PRIMOS' zuständige Neuengländer eher etwas 'pappig'. Denn auf
seine Frage: "Was hält Prime von UNIX (Uniplexed Information and
Computing System)?" wird er schroff zusammengefahren: "Kennst
du ein besseres System als Primos?".
Sein Ruf war ein Ruf in die Wüste. Er ist sich dessen heute (fast)
sicher: Wäre Prime auf Unix eingestiegen, dann hätte sie mindes-
tens länger überlebt.

Auch den Wechsel vom Bonussystem zum Reallohn hat er überlebt.
Nicht alle seiner Genfer Kollegen. Denn wie er es erst jetzt erfährt,
gab es die Prime Computer Schweiz damals noch gar nicht. Die
Computer wurden von einem Zweig einer nicht über allen Zweifel
erhaben schweizerischen Investor-Firma, der 'Trans-K-B', verkauft.
Die spekulierten auf die ganz neu aufkommenden Computeranwen-
dungen in der Pharmaka und in der Maschinenindustrie. Die ersten
Programme zum Erstellen von Zeichnung und zur Unterstützung der
Fabrikation 'CAD/CAM (Computer Aided Design/Computer Aided
Manufacturing) kommen auf den Markt. Scheint ein gehöriges fettes
Fressen für die Spekulanten abzugeben.
Das Hauptquartier der Prime in Natik war auch nicht auf den Kopf
gefallen. Sie beschloss, das Geschäft in der Schweiz selber zu
übernehmen. Die Prime Schweiz wurde gegründet. Was auch
Wechsel im Personal bedeutete. Nicht alle 'faulen Eier' wurden von
der 'neuen' Prime übernommen. Zum Beispiel der ewig phlegma-
tische Junior-Vertreter in Genf muss den Hut nehmen.

Doch er wurde nötig befunden. Denn Software Probleme gibt es
auch bei dieser Firma immer noch zuhauf.
Für ein solches wird er von dem obersten Software-Chef in Zürich
nach Bern in eines der mehreren Bundesbetrieben, die Prime

betrieben, gebeten. Das um den Leuten aus Zürich, die damals noch
für die Region Bern zuständig waren, bei einem wie es scheint doch
recht kniffligen Problem zu helfen.
Obwohl es nur erst seit kurzen mit Primos in Berührung gekommen
ist.
Bald kommt ihm das Problem 'irgendwie' bekannt vor: Nach der
Installation eines neuen 'release' des OS lief es wieder einmal nicht
mehr so richtig. Eine Applikation, die doch recht bescheidenen
monochromen Bildschirme, das sind wie schon gesagt Fernseh-
geräte mit Tastatur und mit verdrillten Kupfer-Drähten am Rechner
angeschlossen, bedient, funktioniert nicht mehr.
Studieren des Quellenkodes des OS ist angesagt. Geschrieben ist
es in 'SIMPLE'.Eine Art Assemblersprache entwickelt bei Prime für
deren 'Server'.
Eine solche 'Sprache' ist nicht so ganz neu für ihn und es ist darum
relativ leicht den Fehler zu analysieren. Eine winzig kleine Korrektur
ist nötig. Gesagt, getan. Die Applikation läuft wieder.
Helles erstaunen des Kunden der sagt: "Der ist doch schon fast ein
Genie!"
Das ist er nicht. Alles Erfahrung. Und er ist nicht zum ersten Mal mit
einer solchen Situation konfrontiert: Ein System-Programmierer, der
die Firma vor Kurzem verlassen hat, baute eine lokale Modifikation
ein, die für ein spezifisches, nur bei diesem Kunden vorhandenen
Eingabegerät, nötig ist.
Mit der Todsünde unter Programmierer: keine Dokumente oder
Bericht dazu zu hinterlassen!

Prime hatte das für die damalige Zeit die aussergewöhnlichen und
auf dem Markt einmalige Programmier-Werkzeuge 'INFO' und
'FORM' geschaffen. Das ermöglichte das Schreiben von interaktiven
Business-Applikation auf ganz einfache Weise. Die Masken für die
Ein- und Ausgabe der Daten sind sehr schnell zu erstellen. Die
Organisation der benötigten Datenbanken ist echt auf deren
Benützer orientiert und es ist ebenfalls sehr 'simpel', den rZugriff auf
diese zu steuern. Ein Chef-Analyst bei dem oben schon erwähnten

Grosskunden im Detailhandel sagte ihm einmal: "Mit 'INFO' arbeiten
wir dreimal effizienter als mit COBOL!".

Chapeau!

Er bekam auch bald einen 'Chapeau'. Er wird von Prime Switzerland
zum 'Analyst of the year' erkoren.
Was ihm eine Art Pokal und drei Tage in Florida im sogenannten
hundert Prozent Club einbringt. In dem sind meistens nur Verkäufer,
die ihre angesagten Umsatz-Zahlen zu hundert Prozent eingebracht
hatten.
Die 'Danksagung' ist nicht ganz so komfortabel wie die in den Sturm
und Glanzzeiten der CDC. Er wird in einem Doppelzimmer mit einem
äusserst wortkargen Schweden untergebracht. Morgens um 0700h. ,
pünktlich, gibt es eine 'Frühstück-Sitzung' (breakfast meeting). Mit
einem doch recht formidablem Frühstück. Und natürlich mit einer
Motivationsrede eines Vizepräsidenten.
Angenehmer ist der Besuch in das nahe gelegenes Disneyland. Mit
allem Drum und Dran. Sehr zur Freude der wesentlich jüngeren 100
'prozentigen'. Nichts für ihn, wenn auch die dreidimensionalen Filme
in den grossen Zelten sehr eindrücklich sind. Man steht da richtig in
der Mitte des Geschehens. Wird von Pferden umringt oder fährt
rasend schnell mit einem Bob die Eisbahn hinab. Zum Glück gibt es
Geländer an denen man sich anklammern kann.
Nicht so 'hightech' ist aber das Telefonieren in dem Disneyland.
Respektive es besteht nur die Möglichkeit, eine der offenen
Telefonkabinen zu benützen. Es ist noch Jahrzehnte, bevor der
Überflutung der Menschheit durch die Handys.
Er muss dringen in die Schweiz telefonieren. Seine Freundin
erwartet, hoffentlich sehnlichst, seinen Anruf. Es ist sehr heiss in
dem provisorisch aufgestellten Blechkasten ohne Türe und er
schwitzt gewaltig.
Es gibt dort auch eine Bank, um Geld zu wechseln. Dort holt er jetzt
ein halbes Kilo 'Quarters'. Das sind 25 Cent Münzen. Das Gespräch
mit Zürich kommt überraschenderweise zustande. Alle zwanzig

Sekunden muss wieder eine Münze eingeworfen werden.

Nach einer grossangelegten Party, eher für Teenager als für ihn, ist die 'show' in Florida überstanden.

Zurück in den Alltag. Mit einer Auszeichnung: einem 'Award' im Koffer. So eine Art Trophäe. Eine schöne runde Glasscheibe mit Widmung in einem vornehmen Teak-Holzrahmen.

Also ist es kein: 'Zurück im Zorn'.

Denn er spürte es intuitiv: Es wird immer besser laufen für die Firma. Denn die Hard- und die Software sind sensationell führend und der Konkurrenz, besonders der IBM, überlegen.
Es ist ein Vergnügen beim Austesten der selber geschriebenen Programme dem Computer zuzuhören. Richtig gelesen: zu hören. Denn die im Hauptregister dahin sausenden Bits werden in elektronische Töne umgeformt und durch einen Lautsprecher 'hörbar' gemacht. So hört man sofort, wenn das Programm in eine Schlaufe (loop) gerät. Das ist wesentlich besser als heute beim Laden von Microsoft Windows. Wenn dieser Start in einen 'loop' fällt, hört man nichts. Man muss vor dem am Bildschirm sitzen und scharf hingucken. Bewegt sich das Symbol darauf nicht oder ist überhaupt nichts zu sehen, dann war Sense mit dem Starten des PC oder Laptop.

Auch Microsoft kann 'loopen'.

Ein anderer grosser Vorteil der Prime sind deren Preise und Flexibilität bei Erweiterungen (upgrades). Das hat ihm ein Kunde, ein Edelstahl-Grosshändler, selber gesagt.
Um mit weiteren Megabytes an Memory aufzurüsten, brauche es nur eine Stunde. Bei einer Maschine der IBM mindestens Nachtschichten. Darum wird IBM bei der Deutsch sprechenden Konkurrenz lächeln mit: immer bis Mitternacht übersetzt. Oder dann:

ich bin müde...

So nebenbei: Burrougs, Remington Rand, CDC, DEC, Prime und
noch viele andres existieren nicht mehr oder nicht mehr in der Form
eines Computerpioniers. IBM ist noch immer am 'Tisch'.

Zurück zu Prime. Der Preis der Speicher bei denen sei, so sagte es
ein welscher Kunde wörtlich: "Deux fois rien". (zweimal nichts).
Nicht so nichts ist der streng vertrauliche 'Trick', die Prozessor-
leistung beinahe zu verdoppeln: Man verlangt einen nicht zu stolzen
Preis. Der Wartungsingenieur dreht an einem Potenziometer und
'Schwups', die Maschine läuft jetzt sehr viel schneller. Die
Taktgeschwindigkeit wird erhöht. Die Maschine war schon von jeher
dafür gebaut. (no comments...)

Nächster Ort der 'Geschichte': Rigi Kaltbad. Und das im November.
Es ist nasskalt und neblig. Der Kurort menenschleer. Die meisten
Läden sind geschlossen. Die meisten Hotels auch.
Nicht aber das, wo er jetzt ist. Eher kalt, eher unfreundlich, eher
pausbäckig. Es gibt keine anderen Gäste als die Veranstalter der auf
ihn jetzt zukommenden 'Übung' und die anderen, dahin befohlenen
'Privilegierten'.
Es ist ein Arbeits-Seminar (workshop), das hier jetzt über die Bühne
geht. Alle Verkäufer, Marketing Manager, 'Senior Engineers' und
'Senior Softies' der Schweiz sind aufgeboten. Ein Vizepräsident mit
Sekretärin, ein verantwortlicher Entwicklungstechniker, ein
Psychologe, ein Schauspieler aus den USA und natürlich sämtliche
Chefs der Schweizer Filiale sind das durchführende Gremium. Leider
auch der unbeliebte Personalchef.

Das Thema ist: Wie erobern wir weitere Grosskunden (big accounts).
Wie zu erwarten war: Überbordende Begrüssung, gegenseitiges,
sich die üblichen 'Selbstlorbeeren' austeilen und allem was, bei
solchen Anlässen gang und gäbe ist.
Doch jetzt wird gebüffelt. In Gruppen müssen sie Verkaufs-

Vorbereitungen erstellen: Fall Studien (case studies). Bis tief in die
Nach hinein. Dann gibt es Gratis-Bier. Doch trink ja nicht zu viel. Der
Personalchef ist anwesend.
Am anderen Tage muss dann einer der Gruppe den anderen das
Erarbeitete präsentieren.
Natürlich trifft es ihn.
Er kommt bei der Jury, gebildet aus den anwesenden 'Amis', nicht
an. Die Arbeit der anderen Gruppen werden aber auch nicht
'goutiert'. Es hagelt Kritik. Die Präsentationstechnik sei ungenügend.
Der Schauspieler erklärt warum: mangelnde Selbstsicherheit, lausig
Mimik, undeutliche Sprache, Unruhe, keine Gesten und vieles mehr.
Der Marketing-Experte kritisiert die Reihenfolge des Vortrages, die
Qualität der aufgelegten Folien und die stümperhafte Überzeugung-
skraft des Vortragenden. Dem 'Chief-Designer' gefällt die technische
Seite des so hart im Team zusammen 'Gekrampften' überhaupt
nicht.

Pause. Ja nicht rauchen! Von wegen Personalchef...
Also, ein bisschen die Beine bewegen. Im Freien friert man. Im
Zimmer sich 'verschlaufen' (Ausdruck im Militärdienst, wenn man
sich vor etwas drücken will...) ist alles andere als empfehlenswert.
Also stolpert er sichtlich verlegen im Vortragssaal herum.
Der gesamte ganz hinten sitzende Führungs-Stab macht auch
Pause. Wahrscheinlich sogar eine Rauchpause.
'Eigentlich' per Zufall geht er hinter deren Tischchen durch. Und
kann es sich nicht verkneifen, einen scheuen und hoffentlich
unbeobachteten Blick auf das,v on denen hingekritzeltem und dort
herumliegenden, zu werfen.
Was ihm einen kalten Schauer über den Rücken jagt!
Auf dem Papierblatt des Personalchefs, im Militär sicher ein
Feldweibel, kann er es ganz deutlich lesen. Da steht unter dem
Namen eines zum 'Fussvolk' gehörenden Teilnehmers so folgendes:

- Schläft fast ein.
- Hört nicht hin.

- Bewegt dauernd die Beine.
- Grübelt in der Nase.
- Beteiligt sich überhaupt nicht.
- Spricht schlecht Englisch.

Gute Nacht!!! Oder besser: keine gute Nacht wünscht er ihm! Das ist
Kindergarten auf höherem Niveau. Ein kühles Bier ist jetzt sehr
notwendig. Doch Gratis-Bier gibt es erst nach 2000h.

In Rigi-Kaltbad war es kalt. Auch seine Erinnerungen daran sind sehr
frostig.

Zurück nach Genf. Dort wird er wieder so etwas wie einmal mehr ins
berühmte kalte Wasser geworfen. Er muss bald einmal das gelernte
anwenden und einen Vortrag geben für die Kunden und seine
eigenen Mitarbeiter.
Das Thema: SNA. Steht für 'Systems Network Archtecture'. Eine
proprietäre Serie von Kommunikations-Protokollen. Ein 'Geschöpf'
der allmächtigen IBM.
Deren Zweck es ist, die gesamten sich jetzt immer intensiver
anbahnende Erfordernisse an die Telekommunikation zu verbessern.
Durch Definition von Spezifikationen und Protokollen zu ermöglichen, dass Computer verschiedener Hersteller miteinander
verbunden werden können.
In einem zweihundert Seiten dicken Buch im komplizierten, diesmal
IBM spezifischen, Computer-Dialekt.
Er muss seinen Vortrag sehr konzentriert und auch für Laien
verständlich gestalten. Und selbstverständlich auf Englisch.

Und so geht es los. Zuerst, wie ihm auf dem Rigi eingebläut, alles
Nötige kontrollieren. Optimale Einstellung des Hellraum-Projektors
(overhaed projector), die Sicherstellung des Vorhandenseins einer
Ersatzglühlampe für diesen, Kontrolle des Mikrofons und der
Verstärkeranlage, die Bestuhlung des Saales, sodass alle frei Sicht
auf ihn haben und die optimale Beleuchtung des Lokales.

Der ist voll. Er, wie immer, wenn er eine Präsentation geben muss,
ist aufs äusserste angespannt. Auch eine Zigarre und ein Glas
Weisswein vorher bringt keine Linderung.

Licht aus. Hellraum-Projektor Licht an. Gespannte Blicke auf ihn.
Mäuschenstille. Er legt die erste Folie hin. Die ist nicht, wie üblich,
mit der Liste der vorzutragenden Punkten oder 'Sprüchen'
beschrieben.
Sondern ganz einfach blank. Und er zitiert:
"In the beginnig there was nothing". (Am Anfang da war nichts).
"And IBM has seen that there was nothing" (und IBM hat gesehen,
dass da nichts ist).
"And IBM created SNA" (und IBM kreierte SNA).
Er erntet ein schallendes Gelächter für seine Anspielung auf die
Genesis in der Bibel. Der Bann ist gebrochen. Fast schon perfekte
Rhetorik. Wie eben gelernt...

Nicht aber sein erstes Problem mit dem 'SNA Monster'. Der auch
schon erwähnte Grosskunde in Ober-Winterthur hatte, wie die
Unternehmen. die technisch und finanziell auf der Höhe sind,
Computer verschiedenen Hersteller im Einsatz. Dort ist es neben
IBM, CDC und DEC eben auch eine kleine Prime.
Eine wichtige Kundenapplikation verlangt nun eine Verbindung
zwischen dem Riesen und dem Zwerg. Dieser Grössenunterschied
ist rein äusserlich beim Raumbedarf der Maschinen.
Jetzt ist dank SNA möglich geworden, dass die beiden miteinander
'sprechen'. Und wie gewöhnlich läuft so etwas nicht auf Anhieb.
Also wieder einmal blitzartig auf in die nahe Ostschweiz, nämlich
nach 'Oberi'. Und dies inmitten eines strengen Winters.
Er ist ausgerüstet mit einem funkelnagelneuen und sehr teuren
Gerät: einem Daten-Analyser (data-scope). Das ist ein geniales
Werkzeug, mit dem die Daten, die über eine Verbindung laufen im
Klartext zu sehen sind. Es ist nicht so leicht zu bedienen oder gar
voll in den Griff zu bekommen.

Für die Hacker, die es damals noch gar nicht gab, wird es später das
ideale Werkzeug: Bankkontonummern, Passwörter, Liebesbriefe und
was sonst noch sehr privat bleiben sollendes sind glasklar zu lesen.
Falls die nicht chiffriert sind. Und zu missbrauchen.

Ein solches raffiniertes Gerät hilft ihm relative schnell, denn das
Problem ist reproduzierbar. Es ist ein Protokollfehler seitens IBM
(protocoll violation)!

Wass! Das gibt es doch gar nicht! IBM macht doch keine Fehler!

Es braucht seine volle Überzeugungskraft und etwas mehr als einen
Monat bis alles in der Butter ist. Kein Wort oder Kommentar von
seitens IBM.

Hat er auch nicht erwartet.

Prime Schweiz braucht dringend kompetente Mitarbeiter. Und solche
gibt es! Sogar 'en Masse': Die wie Ratten aus einem sinkenden
Wrack steigenden oder entlassenen ex CDC Mitarbeiter!
Nach ihm folgten so etwa ein Dutzend von denen seiner vor
gebahnten Spur. Die sind aber auch um eine Spur kompetenter als
der Mann, den er jetzt in Zürich einführen sollte. Der nennt sich: Dr.
Chaussdry. Der ist wohl vom Fernen Osten oder, wie sich sein
Direktor später ausdrückte, sonst so ein asiatisches Schlitzohr.
Die 'Chemie' zwischen ihnen stimmt überhaupt nicht. Auf seine
Frage: "Was interessiert Dich an Fachliteratur am meisten?"
antwortet der: "Alles!".
Also von 'Info' und 'Form' über 'Simple', Fortran, Cobol zu Pascal.
Von X25 über Tokenring und Ethernet bis zu SNA.
Er übergibt ihm mit Kopfschütteln eine etwa dreissig Zentimeter hohe
Beige Handbücher. Der hat ja aber noch nie in der Informatik
gearbeitet!

Na ja! Den seinen gibt es Gott oder auch ein Buddha im Schlaf.
.

Er arbeitet auch nur sehr kurze Zeit bei Prime. Nach dem zweiten
Einsatz bei einem Kunden fliegt er hochkant hinaus.

Dieser 'Fall' wird dann auch aufgeworfen beim nächsten Meeting des
SPUG: der schweizerischen Prime User Group. Das ist eine
Vereinigung von Kunden der Prime. Um ihre Wünsche, Anliegen und
Reklamationen besser durchsetzten zu können und gemeinsam
'auszurufen'...

Er ist als Firmenvertreter dazu 'verknurrt' worden an dieser Tagung
am 11.11. 198x das Unternehmen zu vertreten.
Er muss den Kapitalfehler des Personalchefs, diesen Pseudo-Doktor
engagiert zu haben, entschuldigen. Mit mühsamen, improvisierten
und nicht nachvollzierhbarer 'Sprüchen'.

Aber das weit vernünftigere und grösserer Problem für die Kunden
ist das folgende:
Die PCs sind gewaltig am Vormarsch. Die müssen unbedingt mit
dem Super-Mini verbunden werden. Das ist jetzt ein 'muss'.
Prime kann das auch als einer der ersten Mainframe-Hersteller. Wo
ist dann das Problem?

Beim Geld! Wo sonst?

Denn die dringend nötige neue und jetzt hoffentlich fehlerfreie
Version von Primos unterstützt die ältere Version von Microsoft
Windows nicht mehr. Es ist mit der nicht mehr kompatibel.
Im Klartext: die Kunden müssen wohl oder übel ihre PCs anpassen.
Auf Neudeutsch: Updaten.
Eine nicht budgetierte und darum schwer verdauliche kosten-
pflichtige und auch mühsame 'Belastung'.

Weit weniger mühsam oder sogar peinlich als das 'den Kopf

hinhalten' für seinen Arbeitgeber ist dann seine Beförderung zum
'Swiss Telecommication Marketing Manager'.
Denn jetzt beginnt das 'Zeitalter' der Computer-Netzwerke erst so
richtig. Prime hat das Zeichen der Zeit schon recht früh begriffen. Im
Vergleich mit CDC und auch mit dem 'Urmonster' IBM denen, wie
bekannt, weit voraus.

Ein Kunde, das College Calvin in Genf, war ein Pionier auf diesem
Gebiet. Es erhielt die zehnte vom den der Schweiz zugeteilten IP-
Adressen. Das Protokoll TCP/IP (Transmission control proto-
col/internet protocoll) und die der dieselben Familie zugehörigen,
haben einen in der Geschichte der Informatik fast einmaligen Erfolg.

Ohne diese gäbe es heute kein Internet!!!

Die Schweiz bekommt ein Kontingent IP-Adressen zugeteilt.
Verwaltet und verteilt werden diese von der ETH Zürich. Die Ersten
für sich selber. Weitere für den CERN und eben dem College Calvin
und der Prime Schweiz.

Er ist stolz für ein so führendes Unternehmen zu arbeiten.
Und ist auch stolz an den jährlichen Meetings der Marketing
Managers in Massachusetts dabei sein zu dürfen.
Man trifft sich unter Kollegen aus aller Welt. Zweck und Ziel dieses
Anlasses sind, die Bedürfnisse des Marktes an die Verantwortlichen
im Hauptquartier zu melden und denen die wirklichen realistischen
wichtigen Kundenwüsche anzumelden.

Der Bedarf der 'Verbindbarkeit' mit den IBM Maschienen ist durch die
Implementierung des SNA gedeckt. Doch es gibt noch eine Menge
andere 'Themen' wie zum Beispiel die Integration von Fax Geräten
und Bankautomaten. Das wichtigste ist aber der Ausbau und die
Verbesserung des Anschlusses der immer stärker die Superminis
vom Markt verdrängenden, heftig aufkommenden PCs. Damals gab
es 'Laptops' noch gar nicht.

Die Diskussionen sind heftig. Die Prioritäten über das, was vom
Hersteller zuerst realisiert werden soll, sind von Land zu Land
verschieden. Die Schweiz hat mit deren bescheidenen
Auftragsvolumen da nur einen geringen Stellenwert.

Er wehrt sich trotzdem. Und fordert, dass die Ausgabe-Geräte für
das gewaltig im Vormarsch sich befindliche CAD/CAM Gebiet voll in
der Weiterentwicklung von Primos integriert wird.

Das zweiwöchige Zusammenraufen wird aufgelockert durch lockere
Bierabende. Jetzt mit dem 'Samuels' Bier. Auch, es wird stolz betont,
nach deutschem Reinheitsgesetz gebraut. Das ihm immer in
Erinnerung bleibende 'Leinenkugels' in Chippewa Falls ist besser.
Doch über Geschmack lässt sich bekanntlich streiten.
Dazu gab es noch leichte Base- oder besser: Softball Versuche und
die vergebene Liebesmüh der Europäer, den amerikanischen
Kollegen die Finessen des europäischen Fussballs schmackhaft zu
machen.

Am Samstagabend gibt es jeweils ein gediegenes Dinner in einem
vornehmen Restaurant in Boston mit der dortigen Spezialität: den
Langusten (Lobster). Von denen er jeweils noch Lebende nach
Hause bringt. Die Swissair stellt dazu einen Tiefkühl-Service gratis
zur Verfügung.

Gratis ist auch die Kommunikation mit seinem Sohn, der noch die
Primarschule in Genf besucht. Nicht mehr per Telefon. Das ist
'passe'. Sondern über einen Akustik-Koppler bei ihm zuhause. Das
ist sehr einfaches, billiges Gerät: Der auch billige PC der ersten
Generation wird dem angeschlossen. Über eine runde Plastikschale
wird die schwarze Muschel eines ganz gewöhnlichen Telefonhörers
gestülpt. Heute würde man sagen: Der PC ist am Netz.
Die Datenübertragung ist etwa so schnell wie die eines
Fernschreibers: 75 Baud. Die Fehler-Quote gerade noch so knapp

erträglich.
Aber es kostet ihm nichts. In Natik, wo er jetzt ist, kann er die
Verbindung über den, den Gästen zu Verfügung gestellten
Supermini bewerkstelligen. Und er kann den Wunsch seines
Sohnes, über den Akustik-Koppler mitgeteilt, erfüllen und einem 1
Megabit Mikrochip für seinen PC heimbringen. Und er kann auch die
'gemailte' Bestellung seiner Frau für einen künstlichen Christbaum
mit zehnjähriger Garantie, der in der Schweiz nicht zu bekommen ist,
zu besorgen.
Die Kommunikation kann zeitlich verschoben stattfinden. Die
Teilnehmenden müssen nicht, wie man heute sagen würde, 'online'
sein.
Die erste Vorstufe zu dem, was heute in der Welt nicht mehr
wegzudenken ist: Das E-Mail wird geboren.
Mit dem PC auf einem Küchenstuhl neben dem noch lange analogen
Telefon aus schwarzem Bakelit.

Das E-Mail erblickt das Licht der Welt. Zuerst war es nicht die
Technik, die heute am meisten benützt wird und jedes Kind kennt.
Zuerst war es das Protokoll X400. Mit dem aufkommenden 'Paket-
switching' Transmission-Protokoll X25. Eines von den vielen Arten
von 'frame-relay' Implantationen. Prime was selbstverständlich seit je
her dabei. Die Verkäufer zeigten mit betontem Stolz ihre X400
Adressen auf den Visitenkarten. Zum zeigen, wie fortschrittlich Prime
ist.
Die Serien der 'X' Protokolle haben sich sein, bescheidenes
Erachtens, nie so ganz richtig durchgesetzt. Warum: Zu kompliziert,
weil entwickelt durch ein Komitee: der damaligen CCITT (Comité
Consultatif International Téléphonique et Télégraphique).
Das X25 hatte es ihm schon etwas angetan. Soweit sogar, dass er
sich als erstes und letztes Mal als Hacker versuchte. Um mit
Schrecken feststellen zu müssen, wie einfach dies ist.
Er hörte sofort damit auf.

Für die Prime und ihr grösster Konkurrent, die DEC, kam aber bald

ein tödlicher Schreck: der Computer auf jedem Bürotisch und in der
Küche und im Stall. Was Ken Olson, CEO und Mitbegründer der
nach der unantastbaren Nummer eins IBM zu Nummer zwei
gewordner DEC, nie geglaubt hat...
DEC wird geschluckt durch Compaq. Diese wird integriert in Hewlett-
Packard. Wird die einst verdaut durch Microsoft, Apple oder
Samsung? Oder durch Intel?

Wahrscheinlich wird in der Zukunft der Laden der 'von Neumann'
Maschinen eher durch die Japaner, Chinesen, Taiwaner oder Inder
geschmissen. Auf ganz sicher nicht durch Europäer...

Er wird das nicht mehr erleben.

Er sagte einmal zu seinen Söhnen: "Go east joung man (Geh nach
Osten, junger Mann). Denn im Westen nichts Neues". Abgeleitet von
dem Titel eines Romans von Eric Maria Remarque.

Es ist zwar noch nicht aller Tage Abend und der Weltuntergang
kommt erst später. Überlebt hat er den sich wiederholenden
Untergang einer Epoche: Die Mainframes werden abgelöst durch
Superminis, Servers und vernetzten PCs.
Die Personal Computers, Laptops, Smartphone und was es noch so
geben wird, gibt es heute in jeder Hütte. In den Entwicklungsländern
oft mehr als Butterbrote.

Nicht für ein Butterbrot kaufte der CEO der Prime Joe B. Henson das
CAD/CAM Produkt 'Medusa' von der Firma ComputerVision, sondern
für stolze 300 Millionen Dollars.
Wahrscheinlich 'Cash' und nicht mit den jetzt tief getauchten Prime
Aktien. Und der Dollar ist immer noch wesentlich höher bewertet als
der Schweizerfranken.

Er fliegt auf seinem Rückflug von Boston nach Zürich (inklusive
eines Kilos Langusten im Tiefkühler der Swissair) mit dem höchsten

Boss (bigest wheel) der Prime im gleichen Flugzeug. Der CEO
wahrscheinlich unterwegs, um bei schweizerischen Banken nach
Kredit zu 'weibeln'.
Der fragt ihn jetzt persönlich: "Habe ich den Kauf richtig gemacht?".

Heute sagt der Autor klar: "Nein!".

Denn es war der Anfang des Unterganges. Es ist auch das böse
Erwachen von vielen anderen Besitzern, die mit den einst so
begehrten Papieren der Firma 'gesegneten' waren. Den geldgierigen
Spekulanten und den sonst so begabten potenziellen 'Wucherer'
mag er aber den Verlust von Herzen gönnen...

Er hat auch eine gar nicht so gute Erinnerung an Wertpapiere. Er
war, und es ist nicht so lange her, auch stolzer Besitzer von Control
Data und Prime Aktien. Die konnten die Angestellten zu einem
Vorzugspreis bei der Firma kaufen. Die Anzahl der Anteile war
kontingentiert. Zum Glück! Die zu kaufen war so etwas wie ein
'muss'. Ansonsten wird die Loyalität der Angestellten in Frage
gestellt. Jetzt sind sie noch zum Tapezieren der Wände brauchbar.
Er hat überhaupt kein Mitleid mit den professionellen Spekulanten,
wen deren Aktien tauchen.
Und die der Prime tauchten ins Bodenlose.

Geld regiert die Welt. Nicht die Computer. Kein künstliche Intelligenz
vortäuschendes (AI, Artifical Intelligenz) Programm wird da was
ändern können. Finanzgenies sind intelligenter.
Ein solches hat herausgefunden, dass der Wert der Immobilien der
Prime mehr wert ist als das gesamte Aktienkapital. Also: Firma
aufgekauft und verschrottet. In Stücke zerlegt und verscherbelt. Mit
Riesengewinn.

10. Intermezzo Bankenapplikationen.

Bald ist er auch wieder stellenlos. Auf die Strasse gestellt. Mit über
50. Mit Familie. Mit zwei Söhnen. Der jüngere noch im Informat-
ikstudium.
Zitat: "Der Apfel fällt nicht weit vom Stamme".
Die anderen 'Prime-Opfer', alle jünger als er, sind auch auf der
Strasse. Auch die, die er seinerzeit in das Computer-Business
gebracht hatte. Dass es mit Prime in die Binsen ging ist nicht seine
'Culpa'. Und er fühlt sich auch nicht dafür schuldig.
Die fanden bald einen Job. Und begannen eine neue 'Karriere' in
den jetzt gewaltig aufstrebenden Firmen, die das Erbe der
Superminis übernahmen. Und dann oft selber wieder übernommen
wurden. Ein sich immer wieder wiederholender roter Faden in der
'Geschichte' der Informatik.
Seine Kollegen finden bald Unterschlupf zum Beispiel bei:

- SUN Computersystems (Oracle, Java).
- Silicon Graphics International (SGI). Die dann von Hewlett-
  Packard 'geschluckt' wurde.
- Nixdorf (War gar nicht 'nix').
- Wang und andere.

Wang war ein von der in den USA wohnhaften Chinesin An Wang
gegründetes, sehr erfolgreiches technisch führendes Unternehmen.
Die hatten grossen Erfolg bei den internationalen Organisationen in
Genf, denn ihre Computer hatten, als grobe Ausnahme und seines
Wissens als einzige, einen rechteckigen Bildschirm im Hochformat.
Sehr beliebt bei den Sekretärinnen. Man oder besser Frau kann ein
Formular oder ein Blatt Papier so sehen, wie es auf dem
Schreibtisch liegt. Eine A4 Seite wird 'live' angezeigt. Etwas anderes,
auch recht genial neues, war die Verbindung untereinander und zu
den Servern: ein Breitband-Netz. Mit einem noch recht dicken
Koaxialkabel.

Ein markantes Reklamebild war der bessere Herr mit nur einem
Kabel in der Hand und dem Slogan: "Alles über einen Draht". Dass
für diese Art Netzwerke teure Verstärker an beiden Enden nötig sind,
wird nicht erwähnt. Diese Technik wird noch heute bei dem (bald
untergehenden?) Fernsehanschluss-Provider und Netzwerkbetreiber
wie UPC (früher Cablecom) verwendet. Die fusionierte dann
(zwangsweise?) 2019 mit Sunrise.

Er hat keinen Erfolg bei diesen aufstrebenden jungen 'Newcomers'.
Er ist zu alt für die. Und Kinderzulagen, AHV und Pensionskasse
zahlen amerikanische Firmen nur mit Zähneknirschen.
Also stempeln gehen, lange nicht gebrauchte Arbeitszeugnisse
ausgraben, lange Stellengesuche schreiben, Däumchen drehen und
möglichst wenig Bier trinken. Zu einem bescheidenen Glas Wein
reicht das Geld sowieso nur noch knapp.
Doch mit Geld kommt er es jetzt sehr viel in Kontakt. Nicht mit
Kleingeld. Es geht eher Richtung Millionen. Natürlich nicht seine,
sondern die der Bankkunden, der Firma, die ihm trotz des
überschrittenen 'Mittelalter' eine Stelle anbietet.
Diese Zweigstelle einer in Tel Aviv ansässige Gesellschaft produziert
und verkauft Software-Pakete für den Zahlungsverkehr unter
Banken:

- SIC, Swiss Interbank Clearing.
- SWIFT, Society for Worldwide Interbank Financial Telecommuni-
cation.

Die in Zürich ansässige Filiale dieses Softwareherstellers, die solche
Applikationen schreibt, besteht aus ganzen vier Köpfen. Sie braucht
noch jemand für die Wartung oder noch lieber: den Verkauf ihrer
Produkte.
Lohn bescheiden und auch wieder mit Gewinnanteil. Den es dann in
der Realität nie gab.
Ausbildung: drei Monate in Zürich. Für nachher wird der Bezug eines
bis anhin nicht existierenden Büros in Genf versprochen. Es wird bei

einem Versprechen bleiben.

Aber warum soll er es nicht versuchen? Viel zu verlieren gibt es nicht.

In Genf hätte er nie und nimmer auch eine nur im entfernten zum 'durchleben' nötige und ähnliche Stelle wie zuvor gefunden.

Das Bürogebäude, wo die kleine schweizerische Agentur des Unternehmens in Zürich sich eingemietet hat, ist sehr modern. Mit Aluminium-Fassade, grossen Wandelhallen, lange Gänge und grosszügigen, meistens noch nicht belegten hellen Grossraumbüros. Das Haus ist neu. Nach dem neusten Stand der Gebäudetechnik gebaut. Ein sogenannter 'intelligenter' Bau.

Zu intelligent für ihn. Denn bei Aprilwetter gehen die Sonnen-Storen automatisch mit nicht zu überhörendem Geräusch hinunter. Um gleich wieder hinaufzugehen.

Das macht ihn schon recht nervös. Besonders, weil er jetzt als Erstes mithelfen muss, eine Offerte auf Französisch aufzusetzen. Was seine vollste Konzentration erfordert, denn sein schriftliches französisch ist mehr als nur dürftig. In den technischen Belangen kann er aber schon mitreden, resp. mitschreiben.

Seine Offerte wird ignoriert. Wieder einmal wird er nicht einmal Zweiter, sondern wird 'unter ferner liefen' klassiert.

Genf braucht also keinen Software-Manager. Er stellt sich sofort darauf ein, viel länger als angesagt in Zürich zu arbeiten. Respektive die Zeit totzuschlagen. Denn konkrete und wenn möglich noch interessante oder gar Begeisterung hervorrufende Arbeit ist nicht existierend.

Also Zeit sich ein Zimmer zu suchen. Gefunden. Dann die Möbel des Kinderzimmers seines inzwischen ausgeflogen älteren Sohnes mit dem alten Ford-Granada-Kombi nach Zürich gefahren und sich einrichten. Telefon-Installation bestellen, denn die Gespräche über die soeben gewaltig aufgekommenen Natel (geschützter Name der Swisscom?) sind noch unverschämt teuer.

Nicht teuer für die Firma ist sein Auftrag in Paris. Für ihn nichts Neues unter der jetzt schon Maiensonne. Er muss dort die neuste

Version der Software installieren.

Er wird in ein bescheidenes kleines Hotel eingewiesen. Schon fast so etwas wie ein Stundenhotel. Und auch in einem solchen Quartier liegend. Zu dem Kunden, einer bescheidenen Bank, geht er zu Fuss. Er ist schon etwas gesunken in seinen Ansprüchen.

Dort 'versinkt' er zwei Stockwerke unten dem Strassenniveau. Aus Sicherheitsgründen ist dort der Computer. Natürlich ein IBM 'Klotz', der das Verfalldatum auch schon lange überschritten hat. Darum dauert die Installation endlose Stunden. Versteht sich: beginn erst ab 2200h.

Es ist höchst langweilig. Schlafen darf man nicht. Und könnte es auch nicht. Denn bis weit über Mitternacht rasseln so etwa drei Meter hinter einer schäbigen, nicht bemalten, feuchten grauen Wand die Metros vorbei.

Im Hotel gibt es tagsüber auch nicht viel Ruhe. Der ganze Spuck ist aber nach zwei Tagen vorbei

.

Zurück in Zürich wartet ein eingeschriebener blauen Brief auf ihn: Wegen schlechter Geschäftslage sind wir leider gezwungen den Arbeitsvertrag mit ihnen aufzulösen. Auf Deutsch: den Schuh in den Arsch.

Wie er erst später erfährt, ging ein geplantes Geschäft mit einer namhaften Zürcher Grossbank bachab. Er ist (einmal mehr) der 'lackierte'.

Doch Zitat: "Lasst euch nie so weit sinken, den Kakao, durch den man euch zieht, auch noch zu trinken". (Erich Kästner)

Also, die restlich zwei Monate noch absitzen. Womit? Aus dem Fenster schauen, Papierkörbe leeren, Pausenbrote besorgen, Manuals sortieren und andere hohe technische Fähigkeiten erheischende Aufgaben.

11. Die Telematik.

Jetzt gilt es halt wieder: Stelleninserate studieren, Bewerbungen schreiben und auf den Zufall hoffen. Zudem ist er wieder fast ein Jahr älter...

Der Zufall ist ja bekanntlich, nach Bertha von Suttner, in Schleier gehüllte Notwendigkeit. Oder für Gläubige: Wenn sich Gott nicht zu erkennen geben will.

Dieses Mal ist es ein blauer Schleier. In der Farbe der IBM.
Die geben ein eintägiges Seminar über die zu erwartende Entwicklung der Computer-Industrie in die jetzt anbrechenden Zeiten der Computernetzwerke. Und die von jetzt an ganz von den Personal Computer geprägt ist. Und 'big blue' will natürlich und selbstverständlich da ganz oben mitmischen. Und, wie es sich für IBM gehört, der Leader werden.

Die Vorträge sind für IBM Kunden gratis. Darum darf er auch hin. Ohne Spesen kassieren zu können. Er ist ja 'out' und sein 'Noch-Beschäftiger' zwar bis jetzt noch nicht 'out'. Aber sehr knauserig. Und aus dem Business ist er auch bald weg.
Die Vorlesungen sind professionell. Die Vortragenden im korrekten dazugehörigen dunkelblauen Anzug. Mit der richtigen Mimik, gekonnter Präsentation-Technik und sogar ohne den IBM Song.
Er sitzt gar nicht so gelangweilt in der hintersten Bankreihe.

Jetzt klopft ihm jemand auf die Schulter und sagt erfreut: "Salü, was machst du denn hier?".
Er dreht sich brüsk um und erkennt den Herr mit der freundlichen Stimme sofort: Es ist ein seit Jahren nicht mehr gesehener Kollege aus der seligen bis unseliger Zeit der CDC. Und dann später in den erfreulicheren Tage des DOGENE.

Sie kommen ins Gespräch. Er arbeite seit Jahren bei einem
namhaften, wichtigen schweizerischen Bankinstitut. Das ist natürlich
ein sehr guter und zahlungsfähiger Kunde von IBM. Er sei
Gruppenchef einer kleinen für die Betreuung die Netzwerke
zuständiger Gruppe von drei Leuten.

Er erzählt ihm seine eigene Leidensgeschichte seit dem 'grounding'
der CDC und der Pleite der Prime und dem soeben eingetretenen
Rauswurf. Der ehemalige Kollege hört sehr interessiert zu.
Und sagt: "Mensch, wenn ich gewusst hätte, dass du in Zürich
arbeiten würdest, hätte ich eine Stelle für dich".

Hat er!

Denn sechs Monate später übernahm der soeben gefeuerte
Pechvogel einen speziell für ihn geschaffenen Posten als Telematiker. Ohne Gewinnbeteiligung oder 'stock option'. Lohn entsprechend
der zu übernehmenden Verantwortung und beruhend auf Ausbildung, Titel, Alter, Sprachkenntnisse und Erfahrungen.
Die er ja auch in jeder Menge hatte!
Wenn auch keinen akademischen Titel. Personal mit einem solchen
hat es bei diesem vornehmen 'Unternehmen' zuhauf.
Am Anfang ist es ihm nicht sehr wohl an dem neuen Arbeitsplatz.
Eine ungewohnte Umgebung für ihn, der sich an den bei den
amerikanischen und anderen Computerfirmen üblichen Stress
gewohnt ist. Hier nehmen die es schon eher 'easy'.
Wenigstens bis jetzt noch. Sein zwei Stufen höherer Boss, hier nennt
man den Direktor, macht bald einmal eine Bemerkung: "Nicht so
hitzig. Sie machen sich bei den Mitarbeitern sonst unbeliebt".
Auch sonst ist er zuerst 'neben den Schuhen'. Er, der sich gewohnt
ist seine Arbeitskollegen zu duzen, tritt bald einmal ins Fettnäpfchen.
Er erntet einen bösen Blick als er einen solchen so ansprach. Doch
der hat ja schliesslich auch den Doktortitel.
Die auf ihn zukommen Aufgaben sind ihm sehr lieb. Das 'Institut' ist
in Sachen Netzwerk und Computer im Allgemeinen nicht gerade 'a

jour'. Und schwer IBM orientiert. Wenn nicht sogar abhängig.
Die über verschiedene Gebäude verteilten PCs sind über die
'Tokenring' Technik an die grossen Mainframes angeknüpft. Die
meisten der Bauten sind schon ins Alter gekommen. Was die
Installation der jetzt benötigten Kabel nicht vereinfacht.

Mehrere solche 'Tokenring-Lans' (LAN, Local Aera Network) werden
zwischen den Gebäuden durch Glasfaserkabel verbunden.
War zu jener Zeit sehr neu und modern. Und sehr delikat im
Unterhalt. Die Stecker der Glasfaser dürfen nur von einem speziell
für diese Arbeit ausgebildeten Techniker besorgt werden. Die Miete
dieser Leitungen war damals auch noch im astronomischen Bereich.

Die Tokenring-Technik funktioniert so: An einem Kabel, das
ringförmig über ein ganzes Gebäude angelegt ist, werden die
einzelnen Geräte angeschlossen. Ein 'Token', das ist eine
besondere Bit-Kombination, kreist darin herum und bedient jedes der
angeschlossenen Gerät der Reihe nach. Ist der Ring irgendwo
unterbrochen, dann läuft meistens überhaupt nichts mehr. Dasselbe
ist der Fall, wenn eines der Geräte Mist baut. Das heisste das
Protokoll nicht korrekt eingehalten wird und damit den ganzen Ring
ins Schleudern bringt.

Das ist jetzt bald einmal der Fall. Um herauszufinden welches der bis
zu dreissig angeschlossen Apparaten der Sünder ist, wird wie folgt
vorgegangen: Eins nach dem anderen wird aus dem Ring
genommen bis der fehlerhafte eruiert ist.
Klingt relativ einfach. Ist es aber nicht. Besonders, wenn er in der
Zentrale daran ist, dies über den Bedienungs-Monitor und mithilfe
des Daten-Analysier vorzunehmen und ein Kollege gleichzeitig daran
ist, wieder neue Geräte am Ring anzuschliessen.
Der Tokenring kann sehr oft zum 'Tückenring' werden. Wie es ein
anderes gravierendes Problem wie folgendes beweist.
Jeden Monat muss die Notstromversorgung der gesamten Anlage
überprüft werden. Das bedingt einen ganz kurzen Unterbruch des

Netzwerkes. Und jetzt kommt das grosse Übel: beim Neustart läuft
gar nichts mehr.

Alarmstufe Zehn!

Daten-Monitor einhängen, scharf beobachten, was passiert oder
eben nicht passiert.
Wenn beim Tokenring ein Gerät eingeschalter wird, fragt das zuerst
nach dem sogenannten Parameter-Server. Das ist eine Art
'Chefmaschine', die den anderen die in diesem speziellen Netz
relevanten Parameter übergibt. Normalerweise wird diese Funktion
von einem Router getätigt. In diesem Fall übernahm aber ein ganz
'ordinärer' Benützer-PC diese Funktion. Und zwar falsch! Wie sich
später herausgestellt verursacht durch eine unglückliche Serie von
Komponenten in dem Gerät in Kombination mit einer bestimmten
Version von Microsoft Windows.
Es braucht wieder einmal seine vollste Überzeugungskraft um dies
zu bewiesen. Und das Aufbieten eines Spezialisten von Microsoft.

Die ihm bis anhin besser bekannte Netzwerk Verbindungstechnik ist
das 'Ethernet'. Die Organisation IEEE, das 'Institute of Electrical and
Electronics Engineers' spezifiziert Ethernet im Protocol 802.3.
Dessen Wartung und das Installieren sind wesentlich einfacher. Am
Anfang dieser Technologie war es kein Netz, sonder 'nur' ein dickes
gelbes, isoliertes, bis zu 150 Meter langes Kabel. Auf dieses konnte
in vorgeschriebenen Abständen die Geräte angeschlossen werden.
Ganz einfach: Mit einem speziellen Werkzeug wird ein Loch durch
die Isolation des Kabels bis zum Kupferleiter gebohrt, in das dann
der Anschluss-Draht des Gerätes eingeführt wird und es somit sofort
dann eingebunden ist.

Das ganze System basiert auf CSMA/CD (Carrier Sense Multiple
Access/Collision Detection) Technik. Auf Deutsch etwa so:
Trägersensitiver mehrfacher Zugang/Kollision entdeckend.

Die verschiedenen 'Arten' von LANs könnte man so erklären: Am
Anfang wurde jedes Gerät mit einfachen Kupferkabeln sternförmig
an den 'Host' angeschlossen. Der 'serielle' Anschluss benötigt ein
mehradriges Kabel. Es herrschte eine 'Diktatur': Der Host fragt jedes
Gerät nach seinen programmierten Rhythmus ab (polling).
Dann kam der soeben beschriebene Tokenring mit nur dem Bedarf
von einem Kabel. Es herrscht die 'Demokratie': Jeder Benützer
kommt der Reihe nach zum Wort. Eine andere markante Bezeich-
nung dafür ist der bei Amerikaner üblicher Begriff 'daisy chain'
(Milchmädchen Kette): Das Milchmädchen geht, wenn es die Milch
bringt, von einem Haus zum andern.

Dann das ursprünglich von Robert Metcalve entworfene und dann
min Palo Alto, Kalifornien, von Xerox weiter entwickelte Ethernet. Es
ist bis heute DAS LAN Medium.
Das ist das Chaos. Zu vergleichen mit dem Stammtisch in einer
Beiz: Jeder schwatzt unkoordiniert darauf los. Der, der am lautesten
brüllt und sich am meisten wiederholt wird angehört.

Verstanden? Understood? Comprix? Capito? Förstandet?

Die Herausforderung, die verschiedenen LAN Protokolle unterei-
nander zu verbinden wird bald einmal gelöst: durch die geniale
Erfindung des Routers. Der kann das.
Die Sternstunde des Internets bricht endgültig an.
Entworfen 1986 von Bill Yeager von der Stanfort University und
implementiert und verbessert durch Len Bosack und Sandy Lerner
von der Firma Cisco. Der Name ist eine Anlehnung an deren
Standort: San FranCISCO.
Ihr Firmen Emblem ist bis heute die Golden Gate Bridge: die
berühmte Hängebrücke zum Eingang zur San Francisco Bay.

Die so nebenbei zu erwähnen vom Schweizer Ingenieur Othmar
Ammann inspiriert wurde.

Die Firma hat einen traumhaften Erfolg und auch heute gilt: ohne Cisco kein Internet. Sie hatte einst den höchsten Börsenwert aller Gesellschaften: 555 Milliarden Dollars.

Mit deren ersten Gerät, dem Cisco AGS (Advanced Gateway Server), wird er bald einmal konfrontiert. Konfrontiert ist weit übertrieben, denn er ist vom ersten Moment an begeistert davon. Sein Arbeitgeber baut über die ganze Schweiz ein geschlossenes Datennetz auf. Das Fortschrittlichste das es gibt. Die Router sind untereinander durch Glasfaserkabel verbunden. Und zwar auf eine Weise das ein Fehler einer diesen das Netz nicht zusammenbricht. Die Vorschrift verlangt, dass es keinen alleinigen Fehlerpunkt geben könnte (no single point of failure). Die beiden Verbindungen zwischen Zürich und Bern müssen so ausgelegt sein, dass sie nie dieselbe geografische Route benützen und nur durch getrennte Verstärkeranlagen laufen und in den Bauten über verschiedene Schächte zu den Verteilern geführt werden. Die sich selbstverständlich nicht im selben Raum befinden dürfen.

Glasfaser (fiber optics) Verbindungen sind erst jetzt so richtig im 'kommen'. Sein 'Spruch': In nicht so fernen Zukunft gibt es Glasfaserkabel an jeden Bürotisch wurde mit schallendem Gelächter quittiert. Heute, Januar 2019, hat er einen solchen in seiner bescheidenen Einzimmerwohnung zu einem zahlbaren Preis und mit 500 Megabit Durchsatz.

Und die Glasfaser ist flexibler geworden. Damals hatte sie das Handicap nur beschränkt biegbar, höchstens so 50 Zentimeter, zu sein. Heute ist es ein weisses dünnes 'Schläulein', das auf kleinsten Raum aufgerollt werden kann.

Es macht richtig Spass in so einem fortschrittlichen Betrieb zu arbeiten. Nicht, dass es keine technischen Probleme mehr gibt. Das ist doch sonnenklar: Auch dieser Teil der IT ist doch äusserst störungsanfällig. Und ist es auch heute noch...

Er ist jetzt auch 'Telematiker', wie er mit stolz auf seiner Visitenkarte allen zu lesen gibt. Nicht mehr 'nur' Netzwerk-Techniker.

Was aber auch eine gehörige Portion Verantwortung mit sich bringt. Denn sobald etwas auch nur lokal nicht richtig läuft, ist der Teufel im Hause. Ganz zu schweigen von einem wie er es nennt: GNAU (Grosser Netzwerk-Ausfall) gibt. Oder gar einem UNGNAU (Unspunnen grosser Netzwerk Ausfall). In Anlehnung an den 83.3 Kilo schweren Unspunnenstein, der in Interlaken jeweils von Schwerathleten in den Sand gestossen wird.

Nicht nur ihn graut es vor dem Gedanken eines weltweiten Ausfalls des Internets. Wird er einen solchen erleben? Hoffen tut er es sicher nicht. Aber eintreffen wird ein solcher sicher einmal.

Erlebt hat er aber einige eklige anderer Pannen. Auch Cisco ist davon nicht gefeit. In dem engen, fensterlosen und düsteren Verteilerraum sitzt er auf einem klapperigen Holzstuhl und macht seinen ersten Versuch einen Router zu konfigurieren. Das ist schon einer der zweiten Generation: ein Cisco 4000. Im schönen dunkelblau. In der Farbe der Golden Gate Bridge im Firmenemblem. Also nicht mehr im hässlichen mausgrau-orange wie der AGS. Nicht so schön ist, was jetzt passiert. Ein dumpfer Knall. Ein feiner schwarzer Rauch steigt auf und es beginnt zu stinken

Ihm stinkt's auch: Das schöne neue Gerät ist im Eimer. Der Netzteil (power supply) ist explodiert.

Die Stromversorgung im Allgemeinen und die Akkus im Besonderen sind auch heute noch eines der Schwachpunkte bei den PCs, Laptops, und den nicht mehr so modernen Handys. Und wird so sein für das, was noch immer kommen wird.

Ein nicht so leicht zu diagnostizierendes, diesmal wahrscheinlich auch wieder ein physikalisches Problem, folgt bald

Bei einem nicht am Arbeitsort abgehalten Planungswoche. Irgendwo
abgelegen in den Bergen findet ein 'workshop' statt. Es wird die
nächste 'Generation' des Netzwerkes geplant. Man wollte nicht durch
den alltäglichen Gewohnheitskram gestört werden. Alle Spezialisten
sind dort und klar, ausgerechnet jetzt, 'passierte' es.

Wie so üblich im denkbar ungünstigsten Zeitpunkt. Der Datenverkehr
zwischen dem Hauptgebäude und dem Computerzentrum am
anderen Ende der Stadt kommt arg ins Schleudern.

Er auch. Sofort, wie der Blitz mit dem Taxi nach Zürich. Den 'Sniffer'
(Schnüffler), so wird jetzt der Daten-Analysier sinngemäss benannt,
einhängen und scharf nachdenken. Das Problem ist, zum Henker
nochmals, nicht reproduzierbar.

In einem solchen Fall helfen nur die Intuition und die praktische
Erfahrung. Und die ist: Eine der möglichen fehlerhaften Komponente
nach der andern auswechseln, nach oben flehend gucken und
hoffen. Dieses Austauschen ist sehr arbeitsintensive und
Nachtschichten erheischend. So nach dem vierten Anlauf scheint es
geschafft zu sein: Seit zwei Tagen läuft wieder alles wie gehabt.
Der letzte im Cisco AGS ausgewechselte Einschub (board) mit
hunderten von kleinsten Komponenten bestückt wird als die
vermutete Fehlerquelle an Cisco zurückgeschickt.

Auch die Software ist nicht immer über jeden Zweifel erhaben. Die
reift ja bekanntlich, wie schon so oft erwähnt, beim Kunden. Die
berühmte Cisco macht da keine Ausnahme

Was jetzt wieder bewiesen wird.

Das Computerzentrum in Zürich wird über Kupfermietleitung mit den
Aussenstellen in anderen Städten in der Schweiz verbunden. Eine
Kapazität wie die der Glasfaser wird dafür nicht benötigt. Und
Telefon-Mietleitungen sind westlich biegbarer und viel billiger. Jetzt
wird es endgültig zu einem WAN (nicht mit einem 'h'): das Wide Aera

Network.
Doch auch diese Verbindung muss mit zusätzlichen technischen
Ressourcen bewerkstelligt werden. Als zweite Verbindung, nur für
den Notfall, bietet sich ISDN an (Integreted Services Digital
Network). Eine Technik, die die Swisscom (oder war es damals noch
die PTT?) anbietet. Über die 'normale' Telefonleitung können auch
Daten mittels eines Modems (Modulator/Demodulator) übertragen
werden. Die Bandbreite ist allerdings recht bescheiden.
Die Firma bezahlt ihm ein solcher Anschluss in seine Wohnung. Für
den Pikett-Dienst muss man auch von zu Hause aus bei Pannen im
Netz eingreifen können.

Wenn geschäftliche Daten über einen öffentlichen Grund sendet
wird, müssen diese chiffriert werden. Weil es meistens ums Geld
geht. Um sehr viel Geld sogar...
Ganz klare Vorschriften des Verantwortlichen für die Sicherheit: des
'Security Officer'.
Cisco Geräte können das. Auch über das ISDN Protokoll.
Könnte man meinen!

Wochenlang versucht er das zustande zu bringen. 'Irgendwie' läuft
etwas schief. Er wird verspottet: "Es ist dein Problem. Du kannst es
ganz einfach nicht richtig konfigurieren", wird ihm lachend gesagt.

Ist es nicht!

Der zuständige schlussendlich einberufene zertifizierte Cisco
Network Engineer musste zugestehen: Software Problem im Router.
Gewisse Segmente einer Message wurden ganz einfach in klar
gesendet.
In der Bibel würde es als Gebot so stehen: Tough shall not send
certains segments in the clear. (du sollst keine gewissen Segmente
im Klartext senden).

So zu sagen als Belohnung für seinen Einsatz wird er zweimal an

einer der jährlich stattfindenden Kundengrossveranstaltung von
Cisco eingeladen. Mit Glanz und Gloria in Monaco und in Kopenha-
gen. Mit Vorträgen, Seminaren und Galadiners.

Doch, zurück zum harten Alltag. Es warten wieder einmal sehr
schnell neue Technologien auf ihn. Die natürlich sofort wieder
eingesetzt werden müssen. Man will ja nicht schon bald wieder
hinter dem Mond sein.

Das, was jetzt kommt und ist für ihn das Letzte: das Asynchronous
Transfer Mode (ATM). Die asynchrone Breitband-Methode des
Datentransfers. Das heisst die gleichzeitige übertragen von Sprache,
Bilder und Daten. Wie das ISDN, aber mit weit höherer Durchsatz-
Kapazität.

Dieses Protokoll ist mit Abstand das komplizierteste, dass ihm je
über den Weg gelaufen ist. Mit einer Adressiermethode, die
Adressen mit zwanzig oder sogar mehr Digits verwendet.
Es ist ein verbindungsorientiertes Protokoll (connection oriented
protokol). Das Gegenteil ist die 'conectionless' Technik wie zum
Beispiel das Ethernet und das TCP/IP. Oder der USB (Universal
Serial Bus) wie es heute in jedem PC und anderem angewendet
wird, um räumlich nahe interne Komponenten wie Tastatur, Maus,
Drucker etc. zu verbinden. Jedes angeschlossene Gerät kann
jederzeit senden und empfangen. Wenn es nicht durch Überlastung
der Leitung gezwungen ist, es mehrmals zu versuchen.

Ein ATM Netz zu konfigurieren ist ein Alptraum für jeden auch noch
so gewiegten Telematiker. Trotzdem er speziell für die neue Aufgabe
eine Woche nach Wien in ein Intensiv-Seminar geschickt wird. Der
Instrukteur dort sagte: "Es ist ein pures Wunder , dass so etwas
überhaupt läuft".
Für den Kurs braucht er in Antrag und die Bewilligung seines Chefs.
Wegen den Kosten muss er von einem drei 'Level' höheren Direktor
bewilligt und unterschreiben werden. Unnötige Spesen müssen nach

den Verhaltensvorschriften des 'Institutes', wenn möglich, vermieden werden.
Des Direktors sehr kritisches Bedenken und die Frage: "Was hat den der mit ATM zu tun? Das sind doch Banknotenautomaten und mit solchen haben wir nichts am Hut". Sein Gruppenleiter musste ihn 'aufklären'. ATM als Übertragungs-Protokoll war nur den Insider ein Begriff und nicht den Direktoren. Und sehr oft überschneiden sich technische Abkürzungen.

Das einzige positive in dieser Woche war der Prater. Zum Heurigen hat es nicht mehr gereicht. Er hat es nicht mehr so richtig geschafft, denn so 'geschafft' war er vom Kurs.
Einen richtigen Durchbruch hat ATM auch nicht geschafft. Viel zu komplex. Warum? Auch wieder entworfen von einem Komitee: des Nachfolgers der CCITT. Der ITU: International Communication Union. Auf Deutsch: Internationale Fernmeldeunion.

Jetzt kommt 'endlich' einmal auch eine Schweizerfirma ins 'Spiel'. So ganz die Neuzeit verschlafen hat sich also die schweizerische 'Schwachstrom-Industrie' auch wieder nicht.
Die Rede ist von der Firma, die Chiffriergeräte herstellt. Die baut zwar keine Computer oder Router. Dafür etwas, das jetzt immer wichtiger und in den aufkommenden Sturm des Internetzes immer unabkömmlicher wird: Chiffriergeräte.
Zwar hat schon früher eine Firma in Regensdorf/ZH solche gebaut. Zuerst klapperige mechanische und nur so halb elektrische für die Schweizer-Armee. Die Firma wurde dann später einmal, nicht wegen deren Verschlüsselungsgeräten, sondern wegen einem 'Ding' das 'Eidophor' genannt wurde, ein Frass für den Pleitegeier.
Doch das gehört eigentlich nicht in diesen Kontext.

Erfreulicherweise baut eine Firma im nahen Zug Chiffriergeräte für die höchsten Ansprüche: Chiffrieren der Daten im Gigabit Bereich über Glasfaserkabel.
Die werden jetzt von seinem 'Institution' dringend gebraucht. Und

werden natürlich auch gerne oder auch nicht so gerne teuer bezahlt.
Und sie laufen zu seinem Erstaunen gut. Für einmal nicht das
'Südfrüchte Syndrom'.

Oder doch?

Sehr sporadisch hat ein Gerät einen, wenn auch zum Glück nur sehr
kurzen, Ausfall. Es korrigiert sich selber wieder durch einen Neustart.
Bemerkt wird von den 'eigentlichen' Benützern nichts. Das Netz ist ja
schliesslich, er wiederholt es, redundant aufgebaut.
Doch die Telematiker merken es schon und machen sich grosse
Sorgen. Telematiker gibt es jetzt bei ihnen in der Mehrzahl, denn seit
seinem Eintritt sind es doch schon über ein halbes Dutzend
geworden.
Das Problem wird so gut wie möglich dokumentiert und dem
Hersteller unter die Nase gehalten. Reproduzierbar ist es nicht.
Oder doch?
Es ist. Er kann es, darf es aber nicht in der normalen Betriebszeit.
Und zuerst glaubt es ihm auch kein Schwanz.
Doch er kann es beweisen: Wenn er von seinem Arbeitsplatz über
den PC einen sogenannten 'SNMP' Request absetzt, kommt der
'Gigabit-Mischler' ins Schleudern.
SNMP steht für: Simple Network Management Protokoll. Und es ist
'simple'. Geschaffen von einigen wenigen Spezialisten im simplen
TCP/IP Gebiet. Der 'Sage' nach über ein Wochenende. Es
ermöglicht, wie es der Name schon sagt, das Netzwerk und die
angeschlossenen Geräte von irgendeinem berechtigen PC aus zu
managen.
Also auch den besagten Chiffrierer. Doch der steigt schon bei dem
von ihm von seinem Arbeitsplatz abgesetzten einfachsten Abfrage,
einem sogenannten 'SNMP request', kurzfristig aus.

Der Verkäufer des Gerätes fragt zuerst vorwurfsvoll: "Darf ein
Telematiker das 'eigentlich' machen?". Brüskes Entsetzen bei aller
technisch orientierten Beteiligten. Für die ist es doch glasklar, dass

er das darf!

Die Lieferfirma hat den Ball angenommen und sich an die Arbeit
gemacht.
Und, wie immer in der Informatik: Unmögliches wird sofort erledigt.
Wunder brauchen etwas länger.
Und es dauert auch etwas länger bis sie den Fehler bei denen
reproduzieren und dann reparieren können. Chiffrierspezialisten mit
fundierten allgemeinen Netzwerk-Kenntnissen sind anscheinend
eher selten.

Und bald wird jeder drahtlose Telefonapparat einen Chip zum
Chiffrieren brauchen. Denn da läuft das Gespräch durch die Luft:
dem WLAN (Wireless Local Aera Network). Es wird nur eine Frage
der Zeit sein (oder existiert der sogar schon?), bis es den WLAN
'Sniffer' gibt. Der alles was auf dem örtlichen Luftraum herumschwirrt
abhören kann. Fertig mit anonymen zweideutigen Gesprächen mit
einer 'virtuellen' Abzocker-Freundin...

Weg von der Zukunft, zurück zur 'Normalität'. Die ihm ohne es zu
wollen schon leicht mühsamer wird.
Es geht darum, den immer häufiger installierten Server, die mit dem
UNIX Operations-System ausgerüstet sind, Namen zu geben.
Möglichst anonyme, denn ein Aussenstehender soll nicht merken,
wo das Gerät steht oder wozu es genützt wird. Der für die
Namensvergebung Verantwortliche bittet seine Kollegen um
entsprechende Vorschläge.

Auch ihn.

Er ist heute stinksauer. Warum ist egal. Im Personalrestaurant wird
er jetzt nach einer Idee gefragt. Intuitiv und weil äusserst schlecht
und eiskalt gelaunt sagt er nur lapidar:

"Gebt denen noch Gletschernamen".

Was sie dann auch taten. Er schämt sich heute noch für seinen
Einfall und hoffte lange, dass es niemals jemand herausfindet, dass
die Idee von ihm kam. Denn es ist äusserst unbequem, die Server
mit langen unbequemen Namen wie Aletschgletscher, Gauligletscher
und so weiter anzurufen. Zudem waren die bekanntesten Gletschernamen bald einmal aufgebraucht. Der Verantwortliche für die Server
war gezwungen ein Buch über die schweizerischen Gletscher zu
kaufen.

Zurück zu dem ihm weit angenehmeren Thema der Netzwerk-
Protokolle. Das noch lange nicht zu Ende ist!

Es wurde schon früher erkannt, dass es nötig is,t in das
'Birchermüesli' (Birchermus nach Dr. Bircher in Zürich: Eine
Frühstückskost für Kinder, Vegetarier und Veganer aus Getreide-
flocken, Milch und Früchten) der Übermittlung-Protokolle in eine
Struktur zu bringen.
Und, als grosse Ausnahme, eine internationale Organisation bringt
es in Zusammenarbeit mit der Privatindustrie fertig: Es ist das OSI-
ISO Model.
Das ist kein Wortspiel. Es steht für: Open System Implementation-
International Standart Organisation. Auf Deutsch wird es als
'Schichtenmodel' bezeichnet'. Zu Vergleichen mit einer Wäsche-
kommode mit sieben Schubladen. Jede Schublade enthält einen
'Layer', der für eine einwandfreie Kommunikation zwischen den in
den Geräten implementierten Protokolle.

Zweck des OSI-Modells ist, Kommunikation über unterschiedlichste
technische Systeme hinweg zu ermöglichen und deren
Weiterentwicklung zu begünstigen. Dazu definiert dieses Modell
eben sieben aufeinander folgende Schichten mit jeweils eng
begrenzten Aufgaben. In der gleichen Schicht mit klaren Schnittstel-
len definierte Netzwerk-Protokolle sind einfach untereinander
austauschbar, selbst wenn sie wie für das Internet eine zentrale

Funktion haben. Der grosse Sinn dieser 'Ordnung' ist dass der jeweilige 'Layer' nicht unbedingt vom selben Hersteller sein müssen.

Darum: Open System.

Ist es die 'Sieben Säulen der Weisheit'. Diese Assocation zum Buch von Lawrence von Arabien musste ja kommen....

Schicht 1: Bitübertragung. (Physical Layer)
Schicht 2: Zustellung auf dem letzten 'Ast' einer Verbindung (Link Layer)
Schicht 3: Vermittlung (Network Layer)
Schicht 4: Transport (Transport Layer)
Schicht 5: Sitzung (Session Layer)
Schicht 6: Darstellung (Presentation Layer
Schicht 7: Anwendung (Application Layer)

In der 'Praxis' sieht das wie folgt aus:

'Schublade' 1:
 Diese Schicht stellt mechanische, elektrische und weitere funktionale Hilfsmittel zur Verfügung, um physische Verbindungen zu aktivieren bzw. zu deaktivieren, sie aufrechtzuerhalten und Bits darüber zu übertragen. Das können zum Beispiel elektrische Signale, optische Signale (Lichtleiter, Laser), elektromagnetische Wellen (drahtlose Netze) oder Schall sein.

'Schublade' 2:
Deren Aufgabe ist es, eine zuverlässige, das heisst weitgehend fehlerfreie Übertragung zu gewährleisten und den Zugriff auf das Übertragungsmedium zu regeln. Dazu dient das Aufteilen des Bi-t-Datentromes in Blöcke, auch als 'Frames' (Rahmen) bezeichnend und das Hinzufügen von Prüfsummen. So können fehlerhafte Blöcke vom Empfänger erkannt und entweder verworfen oder sogar korrigiert werden.

'Schublade' 3:
 Sie sorgt bei leitungsorientierter Diensten für das Schalten von
Verbindungen und bei Paket orientierten Diensten für die Weiterver-
mittlung von Datenpaketen. Die Datenübertragung geht in beiden
Fällen jeweils über das gesamte Kommunikationsnetz hinweg und
schliesst die Suche nach dem Weg (Routing) zwischen den
Netzwerkknoten ein. Da nicht immer eine direkte Kommunikation
zwischen Absender und Ziel möglich ist, müssen Pakete von Knoten,
die auf dem Weg liegen, weitergeleitet werden. Weitervermittelte
Pakete gelangen nicht in die höheren Schichten, sondern werden mit
einem neuen Zwischenziel versehen und an den nächsten Knoten
gesendet.

'Schublade' 4:
Zu den Aufgaben der Transportschicht zählen die Segmentierung
des Datenstroms und die Stauvermeidung (engl. congestion
avoidance).

'Schublade' 5:
Diese sorgt für die Prozesskommunikation zwischen zwei Systemen.
Hier findet sich unter anderem das Protokoll RPC (remote procedure
call). Um Zusammenbrüche der Sitzung und ähnliche Probleme zu
beheben, stellt die Sitzungsschicht Dienste für einen organisierten
und synchronisierten Kommunikation zur Verfügung. Zu diesem
Zweck werden Wiederaufsetzpunkte, sogenannte Fixpunkte (check
points) eingeführt, an denen die Sitzung nach einem Ausfall einer
Transportverbindung wieder synchronisiert werden kann, ohne dass
die Übertragung wieder von vorne beginnen muss.

'Schublade' 6:
Diese setzt die systemabhängige Darstellung der Daten (zum
Beispiel ASCII, EBCDIC) in eine unabhängige Form um und
ermöglicht somit den syntaktisch korrekten Datenaustausch
zwischen unterschiedlichen Systemen. Auch Aufgaben wie die

Datenkompression und die Verschlüsselung gehören zur Schicht 6.

'Schublade' 7:
Dienste, Anwendungen und Netzmanagement. Die Anwendungsschicht stellt Funktionen für die Anwendungen zur Verfügung. Diese Schicht stellt die Verbindung zu den unteren Schichten her. Auf dieser Ebene findet auch die Dateneingabe und Ausgabe statt. Die Anwendungen selbst gehören nicht zur Schicht.

Verstanden? Understood? Comprix? Capito? Förstandet?

Wenn nicht, macht es auch wieder nichts. Zitat: "Wissen ist Macht. Nichts wissen macht auch nichts".

Ein plausibler Vergleich des OSI-ISO 'Gebildes' mit der 'nicht-computerotischen' Wirklichkeit ist das Folgende:

7. Er sitzt an einer Bar in einer Stadt. Bekannt ist das Lokal als Stätte des sich Kennenlernens.
Seine 'eigentliche' Motivation, um hier zu sein, ist eben dies. (Application layer).

6. An der anderen Ecke der Bar sitzt eine schöne Dame. Sie präsentiert sehr gut. Dezent geschminkt, in weisser Bluse, engem schwarzem Jupe und klassischen 'high heels'. (Presenation layer).

5. Sie kommen ins Gespräch. Wie so üblich über das Wetter. Bald einmal, auch so üblich, über die astrologischen Sternzeichen. Er offeriert ihr ein 'Cüppli' Champagner und nicht etwa' nur' Prosecco. (Session layer)

4. Er lädt sie dazu ein, in ein vornehmeres, gediegeneres Lokal zu wechseln. Sie sagt zu. Mit welchem Transportmittel: eigener Wagen, Taxi oder ÖV? (Transport layer)

3. Sie nehmen das öffentliche Verkehrsmittel. Welches ist die schnellste und am wenigsten 'stauanfälligste' Route? (Network layer).

2. Es geht munter weiter im Gespräch und nicht nur dort: Die 'Chemie' stimmt. Auch ohne Pharmaka.
Es wird spät. Das Lokal schliesst. Sie nehmen ein Taxi zum Haus, wo sie wohnt. "Kommst Du (sie jetzt schon lange beim 'Du') noch hinauf zu einem Kaffee oder ein Glas Wein?". Dumme Frage: "Ja sehr gerne". Sie gehen in ihre Wohnung (Link layer).

1.!!! (Physical layer).

Epilog.

'Eigentlich' ist alles gesagt. Oder: Geschrieben.

Das war's! Bis jetzt...

Nach 2004 hören für ihn die 'Geschichten' auf. Noch dann hat ja die 'Internet-Euphorie' und 'Computer-Manie' erst ihren furiosen Lauf begonnen. Und die ist für jedermann und jede Frau zum täglichen 'Brot' geworden. Und auch oft zum täglichen Ärger...

Zitat: "Der Computer macht uns heute Ärger, den wir früher nicht hatten".

Tragbar in jeder Handtasche oder Hosensack. Allzeit bereit. Wie es früher und heute noch bei den Pfadfindern gilt.

Oder eben, bei Computern und verwandten 'Dinger', auch nicht bereit. Weil: Akku schwach (low)! Dass es nicht so weit kommt, gibt es in der SBB und bald auch einmal in jedem öffentlichen WC eine Steckdose. um ihn aufzuladen. Gratis.

Was zu seiner Zeit für die Datenspeicherung noch Räume in der Grösse von Turnhallen benötigte und Millionen kostete, ist heute auf einem USB-Stick von 50x10x5 Millimeter zu haben. Für so an die zehn Franken.

Die Taktrate der Computer ist im Gigahertz Bereich. In der Telematik sind wir heute von einst 50 Baud in den Terabits. Eine Zahl mit zwölf Nullen...

Von den Punkt-zu-Punkt-Verbindungen zum globalen Netzwerk. Alle sind überall und immer erreichbar. Was nicht unbedingt alle wünschen. Er zum Beispiel nicht.

Und was läuft im Internet? Zum grössten Teil ekelt da Spam ('Trash', 'Müll'), unerwünschte Reklamen, Belästigungen und Pornografie herum. Dank der Anonymität des Absenders.

Doch der Opa soll doch schweigen. Es gibt nicht nur Negatives. Es gibt doch auch noch sehr viel 'vernünftiges', dass dank des Internets möglich ist. Was immer man auch unter 'Vernunft' versteht. Diese ist doch wie alles: 'relative relativ'.

Positiv ist zum Beispiel: E-Mail zu nahen oder noch besser den weit entfernten Freunden. Das Suchen von Begriffen. Dank Google und Wikipedia. Das Bestellen von Toner für seinen veralteten Laserdrucker. Erspart ihm das mühselige Herumtelefonieren, um einen solchen zu finden. Auch das Ausfüllen von Fragebögen von vernünftigen Umfragen. Das Radio hören, Fernsehen, Chatten, Gamen, Bekanntschaften schliessen. Den Frust über etwas interaktiv zu verbreiten. Sich positionieren, sich zeigen (Facebook, etc.) und so weiter und so fort...

Längst fälliges Zitat: "Der Computer wird nie menschlich. Der Mensch immer 'computerotischer" (H.Aemmerli)

Jetzt schweig endlich Opa! Hättest Du ein solches Buch schreiben können ohne Textprozessor? Auch, wenn der oft mit seinem Text ins Schleudern kommt. Und mit Ausdrücken in der Mundart seine liebe Mühe hat. Wie zum Beispiel mit dem Wort 'Zürichdeutsch'. Dafür hilft er gewaltig, die komplizierte deutsche Grammatik mehr oder weniger in den Griff zu bekommen.

Der Computer als Job Killer? Von wegen. Die müssen doch auch entwickelt, hergestellt, verkauft, verschaukelt und verpackt werden. Geschweige den Hunderttausenden von Mannjahren,, die für die Programme, neuerdings sagt man denen jetzt 'Apps' (Applikationen), aufgewendet worden sind. Und noch ist das Ende nicht abzusehen. Falls es wirklich einmal ein solches geben würde.

Er schweigt von jetzt an. Doch, noch nicht ganz:

Zitat: "Die Vergangenheit lässt uns nicht los. Die Zukunft beunruhigt uns. Darum können wir die Gegenwart nicht erleben". (unbekannter Autor...)

Die Zukunft könnte zum Beispiel der verfrühte mittlere Weltuntergang durch die künstliche Intelligenz Programme für militärische

Anwendungen bringen.
Die Gegenwart bekommt für ihn einen beängstigen Halbzeitwert.
Zum Glück für alle einmal.

Auch die neuste Nano-Computer-Technologie beruht immer noch
auf demselben einfachen Prinzip der 'and' 'or' 'nand' und 'nor' Logik.
Nur die Anzahl der einzelnen Schalt-Elemente in einem Prozessor
sind von Tausenden in die Milliarden gestiegen.

Doch die Technologie ist heute an den Grenzen. Die Leiter-Bahnen
in den heutigen Mikrochips sind in der Grösse von einigen Atomen
angelangt. Wo liegt die Grenze der Bandbreite in der Telematik?
Sicher auch irgendwo.

Und 'irgendwie' ist dann auch damit Schluss
.
Was auch immer. Es ist ihm 'eigentlich' auch egal.

Abgeändertes geläufiges Zitat: "Wissen ist Macht. Nichts Wissen
macht auch nichts".

Die Menschheit glaubt noch heute, dass alles einmal 'irgendwie'
erklärbar sein wird: das Universum mit den Milliarden von Galaxien,
Sterne, Planeten, Kometen und Meteoriten. Das menschliche Hirn
mit seinen 80 Milliarden Hirnzellen und Millionen von Kilometer an
Nervenfasern. (Forschungs-Stand 2019).

Absolute Überheblichkeit...

 Zitat Hans Bodmer: "Je mehr, dass ich weiss desto mehr weiss ich,
dass ich nichts weiss".